JN109509

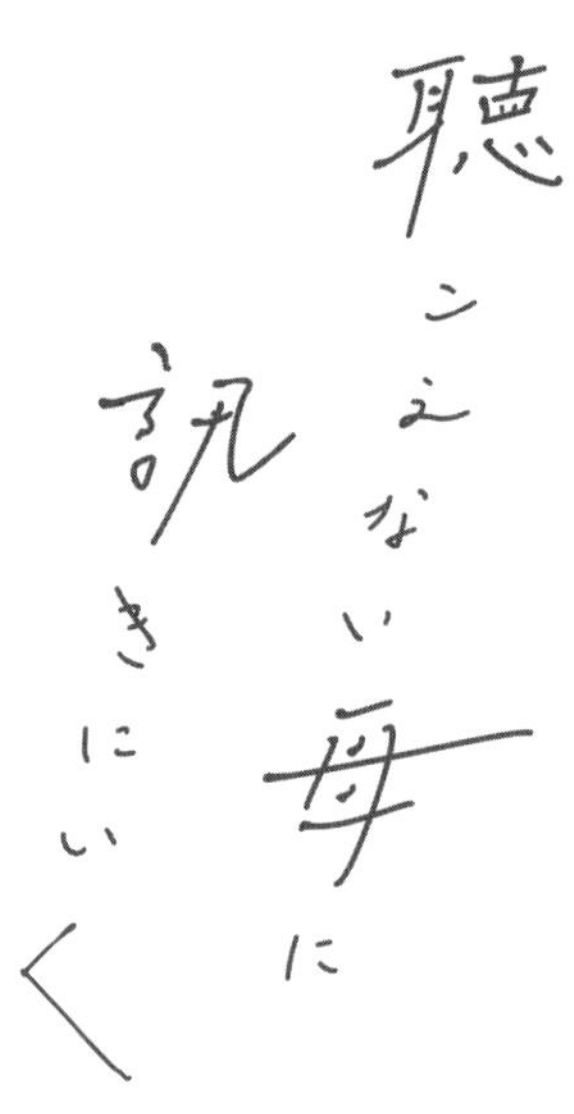

五十嵐大

柏書房

母に、ずっと訊いてみたいことがあった。
ぼくの耳は聴こえるけれど、本当はどちらが良かった？
聴こえる子どもと聴こえない子ども、どちらを望んでいた？

聴こえない母に訊きにいく

プロローグ

すべてを詳（つまび）らかにされるのが公正中立な世の中だとしても、それでもぼくは、この世には明らかにされなくていいこと、知らされなくていいことがあると思っている。

友人がついた嘘、パートナーの過去、家族の傷跡……。

大体の場合、それらを「知る」という行為には痛みをともなう。

でも、「これだけは知るべきではないか」と個人的に思っていることがある。ぼくの母・冴子（さえこ）が抱えている、過去だ。

母は耳が聴こえない。生まれつき聴力がない、先天性のろう者である。彼女はろう学校時代に、同じく耳が聴こえない父・浩二（こうじ）と出会い、結婚した。その後、ぼくが生まれ、聴こえない両親と聴こえる息子との間にはそれなりのイザコザもあり、それでもいまは平凡な人生を送ることができている。と、思っている。

思春期の頃のぼくは、とてもすさんでいた。親の耳が聴こえないことがコンプレックスのようになっており、常に「恥ずかしい」という感情に苛(さいな)まれていた。そして、それをそのまま彼らにぶつけた。特に母に対しては、「障害者の親なんて嫌だ」と何度言ったことだろう。そんなことを口にしたって現実はなにも変わらないし、ぼくが抱えるつらさが軽くなるわけでもない。それでも吐き出さずにはいられなかった。そんなとき、決まって彼女はこう言うのだ。

〈耳が聴こえないお母さんで、ごめんね〉

母は決して弱音を吐かない人だった。自身の障害を理由に、たったひとりの息子からどんなに否定されようとも、「自分が悪いから」と受け入れ、眉尻(まゆじり)を下げて笑ってみせる。ぼくの興奮が落ち着くのを認めると、そろそろ夜ごはんにしようね、と立ち上がる。その後ろ姿がなにを背負っていたのか、当時のぼくには知るよしもなかった。

だから、母の人生には、大きな波風は立っていなかったのかもしれない、とも思った。母の障害を人一倍気にしていたのはぼくだけで、彼女自身はそんなのどうってことない、と生きてきたのかもしれない。現に彼女は、家庭を築き、平凡な暮らしを送っている。

けれどぼくは、大人になってから、その認識が甘かったことを知る。

それはぼくが二十代半ばの頃。父がくも膜下出血で倒れてしまい、急遽帰省したときのことだ。幸いにも緊急手術は無事に成功し、後遺症も残らないとのことだった。でも、退院するまではなにが起こるかわからない。宮城県にある実家にいるのは聴こえない母と、少しずつ認知症が進行していた祖母のふたりだけ。彼女たちを置いて帰京するのは心配だ。せめて父が退院するまでは、実家で過ごすことにした。

父の手術が成功し、数日後。なにを思ったか、祖母がぼんやりと話し出した。

「あなたのお母さんとお父さん、若い頃に駆け落ちしようとしたの」

初耳だった。いつも控えめな母がそんな大胆なことをするなんて、信じられない。驚くぼくに、祖母は続けた。いったん口を開いたら止まらなくなったのか、意識がはっきりしてきたのか、祖母はどんどん饒舌になっていく。そしてぼくは、彼女が語る〝昔話〟の一つひとつに、衝撃を受けた。

祖母は、母と父が結婚することに反対していたこと。

駆け落ち事件を機にようやく結婚が認められたこと。
障害児が生まれては困るという理由から、出産も反対していたこと。
それでも子どもを欲しがる母を見兼ねて、結婚から十年が過ぎた頃にそれを認めたこと。
そうして生まれてきたぼくに障害がなく、家族みんなが安堵したこと。

祖母と母との間にあった〝物語〟、そのかけらをひとつずつ咀嚼するたび、胸中がざわめいていった。そこにあったのは、紛れもない〝差別の片鱗〟だったからだ。

同時に、母の笑顔がちらつく。いつだってニコニコ笑う彼女と、祖母の話とがうまく重ならなかった。

祖母が話してくれたことは、一体どこまで本当のことなのだろう？　それを確かめる勇気はなかった。直接、母に尋ねてみることもできたかもしれない。でも、それは彼女が抱えるかさぶたを無理やり剝がす行為にならないだろうか。そんなことをすれば、きっと母を傷つけることになる。

それに、世の中には知らなくていいことがたくさんあるのだ。ぼくは祖母の言葉を胸にしまい込み、これまで通り変わらず母と接していこうと決めた。

けれど結局、ぼくは祖母から聞いた話を、『しくじり家族』というエッセイに認めた。本作は家族との関係について書いた一冊で、それを書くにあたって、どうしても隠すことができなかったのだ。もちろんエッセイには、書くべきこともあれば、書かなくていいこともある。でも、祖母が話した母の過去は、ぼくにとって〝家族〟を語るうえで避けて通れないことだった。

その後、続けて、母との関係に焦点を当てた『ろうの両親から生まれたぼくが聴こえる世界と聴こえない世界を行き来して考えた30のこと』というエッセイも書き上げた。こちらに込めたのは、思春期の頃につらくあたってしまった母への謝罪の気持ちと、母との関係をやり直したいという願いだった。

すると、それを読んだ柏書房の編集者・天野潤平さんが連絡をくれた。「一度会って、話がしたい」という。打ち合わせの場で、彼は言った。

「もしよかったら、五十嵐さんのお母様の過去について、書いてみませんか？」

その言葉のあとに、「気を悪くされたらすみません」が付け加えられた。確かに、安易に提案できるものではないだろう。でも、その提案を受けて、ぼくの胸には確固たる思いが芽生えていた。

――母のことを、書きたい。

この場合の「書きたい」は「知りたい」と同義だった。あれから大人になり、ぼくのなかで母の過去は〝知らなくていいこと〟ではなく〝知るべきこと〟に変化していたのだ。

ろう者として生まれたひとりの女性が、一九五〇年代から一九八〇年代にかけてどのように生きたのか。障害者に対する差別や偏見のみならず、その出生を防止する「優生保護法」（一九四八～一九九六）という悪法もあった時代に、彼女はどうやって結婚、出産に至ったのか。それを知りたい。いや、知らなければならない。それも、母の言葉を通して。

もちろん、母の過去をこじ開けようとするのは、とても暴力的なことでもある。子どもだからといって、無理やり覗き見ることは許されないだろう。当の本人に拒否されてしまえば、もう成す術はない。それでも、母が話してくれる可能性を信じて――。

「母のことを書きたい……、いや、知りたいです」

ぼくの言葉を受け止めると、天野さんはこう続けた。

「五十嵐さんのお母様にとっての〝真実〟を、これまでに経験してきたことや感じてきたことを、まずは書き留めていきましょう」

母にとっての真実——。それが一体どんなものなのかわからないまま、ぼくは〝聴こえない母に訊(き)きにいく〟ことを決意していた。

目次

〈主要人物一覧〉

冴子（さえこ）……著者の母（一九五四〜）
浩二（こうじ）……著者の父（一九五四〜）
大（だい）……著者（一九八三〜）
佐知子（さちこ）……冴子の姉、著者の伯母（一九四九〜）
由美（ゆみ）……冴子の姉、著者の伯母（一九五二〜）
奈江子（なえこ）……冴子の母、著者の祖母（一九二〇〜二〇一五）
銀三（ぎんぞう）……冴子の父、著者の祖父（一九二二〜二〇一〇）

本書には、「母」をはじめとするろう者が何名か登場します。ここでいう「ろう者」とは、手話を母語とし、ろう文化を生きる人たちを指します。そこでの手話を用いた会話は〈　〉で、聴者との音声日本語を用いた会話は「　」で表します。一部の人物は仮名です。なお、当時の時代背景や価値観を正確に理解するため、本書には当事者の語りをなるべくそのままの形で掲載します。ご了承ください。

第一章　子どもの頃

冴子は、元ヤクザの父親・銀三（ぎんぞう）と、やさしいけれどどこか頼りない母親・奈江子（なえこ）のもとに末娘として生まれた。上にはふたりの姉がおり、大らかでややズボラなところもある一番目の姉は佐知子（さちこ）、勤勉で常に周囲に気配りをする二番目の姉を由美（ゆみ）といった。
また、ふたりの姉のさらに上には兄・光博（みつひろ）がいたが、彼は奈江子と前夫の子どもであったため、冴子の物心がつく頃には離れた場所でひとり暮らしをしていたという。若干ややこしさのある家族に囲まれた冴子は、末っ子として大層可愛がられながら育った。

ぼくから見た印象でしかないものの、三姉妹は非常に仲がよかったように思う。もちろんときには衝突もする。目の前で伯母や母が物凄い剣幕で喧嘩（けんか）を繰り広げるシーンを幾度となく見てきた。それでも血のつながった姉妹というのは不思議なもので、いつの間にかケロッとした顔で仲良く煎餅（せんべい）なんかを齧（かじ）っている。ひとりっ子のぼくにはその関係が奇妙であり、また羨（うらや）ましくもあった。言うなれば彼女たちは、世界一信頼し合っているのだろう。

祖父の銀三はとにかく怖い人だった。左腕には大蛇（だいじゃ）が巻き付いた鬼婆（おにばば）の刺青（いれずみ）が彫られており、一緒に銭湯や温泉に行くと、銀三に気づいた先客たちは蜘蛛（くも）の子を散らすようにいなくなってしまう。それが面白くて一度佐知子に尋ねたところ、「おじいちゃんはヤクザだから怖いの。怒らせちゃだめよ」と釘を刺されてしまった。

実際、ぼくは思春期の頃に銀三と破茶滅茶な喧嘩をしたことがある。きっかけなんてもはや覚えていないほど些細なことだったはずだが、反抗期でもあったぼくが一向に謝らないと見ると、銀三は包丁を持ち出したり、物を投げつけてきたりすることもあった。珍しいことではない。短気で頑固で喧嘩っ早い。それが銀三という人だ。

けれど晩年の銀三は、近所の老人たちを誘ってゲートボールチームを結成し、なんとそこでリーダーを務めるほどの人望を集めていた。練習で集まるときには、たとえ真夏日だとしても長袖のワイシャツを着て出かける。もしかしたらそれは、銀三なりの気遣いだったのかもしれない。

一方、祖母の奈江子はとにかくやさしい人だった。佐知子も由美も、幼いぼくに対し「大ちゃんは本当におばあちゃんっ子だねぇ」と言った。銀三が怖い分、必然的にぼくは奈江子に擦り寄っていたのかもしれないけれど。

奈江子は宗教に熱心な人だった。彼女がなぜ信仰の道に走ったのかはわからない。若い頃の銀三は暴力を振るう人だったし、女遊びも激しかったと聞いている。そんな夫に疲れ果てた結果、神様に縋(すが)り付くようになったのかもしれない。

ただ、その「はじまり」はわからないけれど、彼女の信仰心を強固にしていった理由は理解している。冴子の耳が聴こえないから、だ。

「でもね、神様にお願いすれば、さえちゃんの耳もいつか治るのよ。ほら、いまだって少しずつ聴こえるようになっているでしょう？　昔はまったく聴こえなくて、何度呼んでも気づかなかったんだから」

――いつか治る。

幼いぼくに対し、祖母はいつもこう繰り返した。

たしかに母は、手話を使わずに祖母とコミュニケーションを取っていた。しかしそれは、祖母の祈りによって母の耳が聴こえるようになったから、ではない。口の動きを読み取り、会話の内容を推測できるよう、母が努力を続けたからだ。神のご加護なんかではなく、母が身につけた処世(しょせい)術である。

ただし、そんな母の姿を見て、祖母が「少しずつ聴こえるようになってきている」と感じたのも無理はない。それが祖母にとっての強い願いだったのだろう。

晩年の祖母はほぼ寝たきり状態で、若い頃の溌剌(はつらつ)とした喋り方も鳴りを潜(ひそ)め、口を僅(わず)かに開けてボソボソとなにかを呟(つぶや)くようになっていた。そうなると、さすがに母もお手上げだ。祖母がなにを訴えかけているのか、もうわからない。

介護用ベッドに寝ている祖母と、その傍(かたわ)らにいる母。ふたりの会話がすれ違っている様子を、ぼくは何度も目にした。

祖母の願いは、最後まで叶わなかった。

塩竈に生まれて

母とその家族についてぼくが知っていることは、思っていたよりも少ない。振り返ってみると、母はあまり昔話をしない人だった。

もしかすると、子どもには伝えたくないことが多分にあったのかもしれない。けれどぼくはもう、ひとりの大人だ。どんなことだって受け止められるし、受け止めたい。母がひとりで抱えていることがあるとすれば、その荷物の端っこくらいはぼくにも持たせてほしい。

だから、訊きにいくのだ——。

二〇二一年初夏、こうして実家と東京とを往復する日々がスタートした。

母が暮らすのは、宮城県にある塩竈市という港町だ。東京駅から東北新幹線に乗り、まずは東北最大の都市である仙台市へ向かう。そこから在来線に乗り換え、三十分ほど揺られると、塩竈市に到着する。二十歳を過ぎて上京するまで、ぼくはこの町で母と暮らしていた。

塩竈市は港町というだけあって、漁業や水産加工業が盛んだ。小学生の頃には教師に連れられてかまぼこ工場へ見学に行ったり、港でワカメ狩りに興じたりすることがあった。また、市内には大きな魚市場があり、そこにはありとあらゆる海産物が並ぶ。どれも新鮮で、安い。それだけではなく、市内のスーパーに並ぶ魚介類もみな低価格で旨い。上京したての頃、都内のスーパーで売られている魚の値段に驚いたことがある。塩竈はまさに海の幸に恵まれている土地なのだ。

その成り立ちは一八八九年まで遡る。同年二月、宮城県に塩竈町が生まれた。その後、一九一五年から一九三三年にかけて行われた第一期工事によって、塩竈を〝海の町〟たらしめている塩竈港が作られた。

一九二二年には宮城電鉄が敷かれ、一九二八年には仙台から石巻まで開通した。路線図でいうと、塩竈市はほぼ中間地点に位置する。この宮城電鉄は一九四四年に国鉄に買い取られたことを機に、仙石（せんせき）線と名付けられた。帰省する際、必ず乗る路線だ。

一八八九年に町制が敷かれて以降、他の村との合併計画も立てられたが、それはあまりうまくいかなかった。さらに仙台市では、他の町村も含め塩竈を合併し、大都市を作ろうと計画していたそうだが、結果としてそれが塩竈の単独市制を推し進めることになり、一九四一年の十一月に、「塩竈市」が誕生した。仙台、石巻に次いで、県内では三番目に生まれた市だった。

そんな場所に母が生まれたのは、一九五四年のことだ。その頃、塩竈市では教育委員会が設立されたり、市営アパートが建設されたりと、市としての暮らしやすさがみるみる拡充されていき、母が生まれた翌年には人口五万人超えを記録した。

未来に向かって発展途上にある市に、母は聴こえない子どもとして生まれたのだ。

最初の帰省

塩竈に着く頃にはすっかり日が暮れていた。最寄り駅で降りて、実家までの道のりをゆっくり歩く。普段暮らしている東京の町とは異なり、夕暮れ時の塩竈は少しだけ寂しい。でも、人混みが苦手なぼくにとっては、この物悲しい町の雰囲気が性に合っているとも思う。あたりが薄闇に包まれていくと、海から漂う潮の香りがより一層濃く感じられた。

実家の玄関を開け、「ただいま」と声を上げる。両親には聴こえないため意味がないかもしれないけれど、帰省するたびにそうしている。

居間のガラス戸を引くと、母も父もこちらに背を向け、無音のテレビを観ていた。

少し強めに床を踏み鳴らすと、その振動に気づいたふたりが同時に振り返った。

〈びっくりした！　いま着いたの？〉

〈うん、遅くなってごめんね。ただいま〉

〈おかえりなさい。ごはんは？〉

〈お腹すいた〉

〈すぐ準備するから、待ってて〉

台所に立つ母を見送ると、父と向き合うようにテーブルについた。

無音のテレビではニュース番組が流れていて、字幕機能がオンになっている。ぼんやり眺めていると、父が気を利かせて音量を上げてくれた。

〈これくらいでちょうどいいか？〉

〈別に音が無くてもいいのに〉

こうやって実家に戻ると、普段、いかに音に囲まれて生活しているかがわかる。東京での暮らしは、非常に騒がしい。そんなことにはもう慣れ切っているはずなのに、こうして静かな空間に身を置くと、どこか安心するのもたしかだった。

母や父のちょっとした息遣いや、まるで瞬きする音さえも聞こえてきそうなほど、静かな空間。その世界の居心地の良さは、いまやなにものにも代え難い。

〈仕事は忙しいのか？〉

父は基本的に無口で仏頂面を浮かべていることが多いけれど、帰省するたび、ぼくの仕事を気にかけてくれる。不器用だけど、やさしい人だ。

〈うん、忙しくしてるよ。なんとかやってるから、大丈夫〉

〈そうか、体に気をつけて〉

〈うん、大丈夫〉

遠慮がちに話しかけてくる父に対し、最近あったことなどを報告していたら、食卓にどんどん皿が並べられていった。中央の大皿に載っているのは、エビ、サーモン、イカ、マグロなどの刺し身だ。どれもぼくが子どもの頃から好きだったもの。今日のためにわざわざ魚市場で買ってきてくれたのかもしれない。分厚く切られていて、贅沢(ぜいたく)な食べごたえだ。

箸(はし)を進めながら取材について切り出そうと思うものの、時間も遅かったので、翌日に回すことにした。

食休みがてら一服していると、母も父も就寝するという。夜型生活のぼくとは違って、ふたりとも朝が早い。

〈お母さんたち、もう寝るから。あなたもお風呂に入って、早めに寝なさいね〉

〈うん。おやすみなさい〉

ふたりを見送ったあと、思案する。母になんて説明しよう。

――お母さんがどんな人生を歩んできたのか、知りたいんだ。

突然そんなことを言ったら、どんな顔をするだろうか。

この日のために手話講座を受け、あらためて手話を勉強し直してきた。もちろん一朝一夕でどうにかなるものではなく、流暢（りゅうちょう）というには程遠い。どこまで思いが伝えられるのかわからない。

若干の不安を抱きつつ、早々に眠ることにした。

久々に地元で迎える夜は、東京のそれに比べて幾分か肌寒かった。

最初の取材

翌朝、目を覚ますと、父はすでに仕事に出ていた。塗装（とそう）工場で働く父は、毎朝六時前には家を出発する。家族を支えるため、そんな生活をもう何十年も続けている。ひとつの場所に留まるのが苦手なぼくからすると、敬意さえ覚える生活だ。

朝ごはんを済ませ、顔を洗うと、居間でテレビを観ている母の肩を叩いた。

〈あのさ、お母さんの昔の話が訊きたいんだけど〉

〈どうしたの？〉

母はぼくを真っ直ぐ見つめ、不思議そうな顔をしている。

　ぼくはそっと付け足した。

〈お母さんがどんな子どもだったのか、お父さんと結婚するとき、ぼくを生むときにみんなに反対されなかったのか、それを知りたい。そして、それを書きたいんだ〉

　母は少し考え込んだあと、破顔（はがん）した。

〈わたしのことを書くの？　恥ずかしいね〉

　母が嫌だと思うことは書かない、と約束すると、納得したように頷（うなず）いてくれた。

　冴子は、塩竈市内で生まれ育った。

〈でも、本当に小さい頃、どのあたりに住んでいたのかは覚えていない。最初の記憶にあるのは、小さなアパートみたいなところだった。そこの二階に、みんなで住んでたんだよ。小学生くらいになったとき、お父さんが一軒家を建ててくれて、そこに引っ越したの〉

　子どもができたことを機に、銀三はヤクザの世界から足を洗った。その後は運送会社を立ち上げ、当時としては裕福な暮らしができるくらい稼いでいたときもあった。

　冴子が小学生の頃に住んでいたその一軒家は、いまだに市内に残っている。しかしもう誰も住んでおらず、そもそも誰が管理しているのかもわからない。壁も柱も朽（く）ちてしまい、ボロボロの廃墟になっている。

いま、両親が住んでいる、ぼくにとっての「実家」は、冴子が中学生になる頃に建てられたものだ。以降、彼女はここで育った。

〈自分の耳が聴こえないってわかったのは、いつ？〉

ぼくの質問を理解すると、母は眉間に皺を寄せた。遠い過去の記憶をゆっくり手繰り寄せているようだった。急かさず、母が話し出すのを待った。

〈それははっきりとは覚えていないんだけど……、物心ついた頃には、周りの人たちがなにを話しているのかわからなくて、ただぼんやり見ていたような気がする。大人になってから言われたんだけどね、『いつもニコニコ笑っている子どもだった』って。とにかくなにもわからないから、お父さんやお母さんが口を動かしはじめたら、ただそれを見て、ニコニコしていただけなんだと思う〉

冴子の〝異変〟に気づいたのは、銀三や奈江子の周囲にいる大人たちだった。

あるとき、近所に住む人から「もしかして、この子、耳が聴こえないんじゃないの？」と指摘されたという。銀三も奈江子も、自分たちの娘の耳が聴こえない可能性など想像していなかったため、すぐには信じられなかった。

しかし、いくら話しかけても反応しない。言葉を発することもない。

そんな冴子を見て、銀三は検査することを決意した。三歳になる頃だった。

検査は千葉にある大きな病院で行われることになった。しかも時間がかかるという理由で、千葉に住んでいた銀三の姉の家に、冴子は預けられることになった。

〈その病院なら詳しく検査ができるということで、連れて行かれたの。お父さんもお母さんも心配だったんだろうね。ただ、まだ子どもだったお姉ちゃんたちがいたから、わたしだけが千葉の伯母さんのところに預けられて、定期的に病院に通う生活がはじまったんだよ〉

でも、冴子にとってそれは苦痛な日々だった。ただでさえ、まだ小さな子どもにとって、病院は決して楽しい場所ではない。加えて、両親が近くにいないのだ。当時の冴子はどれほど心細かっただろうか。

〈お医者さんは怖くなかったけど、検査がすごく嫌だった〉

銀三の姉は、それでも冴子を病院へ引っ張っていった。冴子の耳が聴こえないことを、銀三の姉は受け入れられず、どうにか治す方法はないのか、その可能性を探すために通院を続けた。

〈病院に着くと涙が出てきて、泣きながら大暴れしたの。一緒に付いてきてくれた伯母さんはいつも綺麗な着物を着ていたんだけど、わたしが泣き喚くもんだから、着物がぐちゃぐちゃになっちゃって。いま思うと、申し訳ないことをしたよね〉

そうやって病院で暴れた日の夜には、銀三の姉の家で叱られた。

〈伯母さんの旦那さんから叱られてね。そのときははっきり理解していなかったけれど、『ちゃんと診てもらいなさい。治るんだから』って言われてたんだと思う。でもね、絶対に『はい、わかりました』とは言わなかった。どんなに叱られても『はい』とは言わない、すごく頑固な子どもだったんだよ〉

それは「頑固」だったからなのだろうか。誰だって、理解できないことを受け入れ、頷くことなんてできない。

そんなぼくの考えを認めるみたいに、母は続けた。

〈理由もわからず、ただ叱られているという状況が嫌だったのかもしれないね〉

〃聴こえない子〃になる

千葉にある銀三の姉の家に滞在し、聴覚の検査のため、通院を続ける。その結果、冴子の耳は生まれつき聴こえていないことが判明した。つまり「聴覚障害」であることがわかったのだ。

しかし――。

〈伯母さんはわたしの耳を治そうと必死だったみたい。やさしい人だったけれど、わたしの耳に障害があるということが、すごく嫌だったんだろうね〉

千葉で過ごした幼少期は、母にとって嫌な思い出ばかりの日々だったのだろうか。

取材をスタートさせたばかりなのに、嫌な気持ちにさせてしまったのかもしれない。

〈嫌なことを思い出させて、ごめんね〉

謝ると、母は笑いながら首を振った。病院や検査には嫌な思い出ばかりがついて回るものの、千葉での生活そのものは楽しかったという。

〈伯母さんには弟がいたんだけど、そこの子どもたちと遊ぶのが楽しかったんだよ。特に二

番目の男の子はやさしくて、わたしの耳が聴こえないことを知っているのに、いつも名前を呼んでくれていたみたい〉

さえちゃん、さえちゃん、と呼ぶ声。母の耳にはその声が届いていなかったけれど、その男の子のやさしさはきちんと届いていた。

その後、冴子は塩竈に戻ることになった。それ以上千葉に滞在していても、治療のしようがない。〝聴こえない子〟として、あらためて塩竈での生活をはじめることになったのだ。

冴子の帰還を誰よりも待ち望んでいたのは、ふたりめの姉である由美だった。二歳しか離れていなかった由美は、いつまで経っても妹が戻ってこないことを寂しがり、銀三や奈江子に何度も訴えかけた。

さえちゃんは、いつ帰ってくるの？　まだなの――。

〈わたしが塩竈に戻ったとき、由美ちゃんがとても喜んでくれたのを覚えてる。『おかえり！』ってうれしそうに笑ってた〉

千葉に滞在していた期間は、一年ほど。久しぶりの再会に歓喜した幼い姉妹は、それからまた生活をともにするようになった。

ただし、生活には少しずつ変化が訪れた。

奈江子は「娘の耳が治りますように」と神様に願い、その信仰心を厚くしていった。

一方、銀三は冴子に〝言葉〟を教えることに熱心だったという。

〈塩竈に戻ってきても、相変わらず、みんながなにを話しているのかはよくわからなかった。でも、お父さんが一生懸命、わたしに言葉を教えようとしてくれたの〉

冴子の手を取り、銀三は自身の口元へそれを持っていく。そして手の甲に唇(くちびる)をつけ、一音一音、言葉を発する。

〈でも、なにを言っているのかはわからなかった。手の甲で振動は感じるんだけど、それでも、お父さんの言っていることは理解できなかったんだよ。お父さんはすごく一生懸命だったのに、わたしは喋れるようにならない〉

病院での検査とは異なり、試行錯誤(さくご)する銀三とともに行う〝言葉のレッスン〟は嫌ではなかった。どうすればいいのかわからないものの、冴子はそれに付き合っていた。

しかし、一向に銀三が望む結果にはならず、それが銀三を落胆させる。

〈いつまで経っても喋れるようにならなくて、お父さんはすごく残念そうだった……〉

──そんな母と祖父のエピソードを、にわかには信じられなかった。

娘の手を取り、懸命に言葉を教えようとする父親。その温かなイメージとぼくの知る祖父とが、うまく重ならない。

記憶のなかの祖父は、家族を思うようなやさしい人ではなかったからだ。

〈それ、本当に?〉

思わず疑ってしまった。

〈本当だよ。お父さん、本当はすごくやさしい人だったんだよ。あなたは喧嘩ばかりしてたけどね〉

それでも結局、成果が出なかったことで、祖父とのレッスンは続かなかった。

しかし、銀三も奈江子も諦めてはいなかった。どうにかして冴子の耳を治したい。話せるようになってもらいたい。その思いが、祈りやレッスンとは違う形で表出する出来事があった。

〈中学生になった頃だったか、お父さんとお母さんと出かける機会があったの。どこに連れていかれるのかわからなかったけど、とにかく楽しみで車に乗ったんだよ。そうしたら、大きな病院に着いて。戸惑っていると、お母さんが『ここで耳を治すから、降りなさい』って言ったの。それが怖くて怖くて、泣いて暴れて……。そんなわたしを見て、お父さんもお母さんも諦めたのか、結局、病院には行かずにそのまま家に帰ったんだよ〉

それとほぼ同時期、千葉の伯母からも「手術をしないか」と言われた。

〈『頭を開いて手術すれば、聴こえるようになるから』って。でも、手術なんて受けたくなくて、たくさん涙が出てきた。伯母さんは、わたしの耳が聴こえないことが嫌だったんだよ。だから手術を勧めてくれたんだけどね〉

聴覚にまつわる手術で代表的なものは「人工内耳手術」だろう。しかし、日本で初めて人工内耳の手術が行われたのは、一九八五年のこと。母が手術を勧められた一九六〇年代後半には、現在のような手術はまだ実施されていなかったはずだ。

頭を開く手術……。それがどんなものなのか、いまとなってはわからない。

ただ、「耳を治す」と連れ回された母に何事もなかったことを、いまとなっては安堵するしかない。

通常学級のなかで

塩竈に戻ってきてからの冴子は、活発な少女として成長していく。近所の子どもたちに混じって、朝から晩まで駆け回っていた。でも、周囲の子たちとはコミュニケーションが取れなかった。

〈みんなと一緒に遊んでいても、なにを話しているのかはわからなかった。お喋りしているところを見て、真似してみたこともあったの。でも、みんなみたいにお喋りはできなかった〉

「言葉」というものを知らないまま、冴子は七歳になった。そうして周囲の子とは一年遅れで、地元の小学校に入学した。通常学級だったため、聴こえない子どもはひとりだけだった。

教師がなにを話しているのかも、なにが授業で教えられているのかも、理解できなかった。

〈テストがあったとき、配られたプリントに一体なにを書けばいいのかわからなくて。名前の欄に自分の名前を記入することさえ、理解していなかった。それで困っちゃって、隣の席に座っている男の子が書いている内容を、そのまま丸写ししたの。だから、名前の欄にもその子の名前を書いて。そうしたら先生が、『ここには、あなたの名前を書くんだよ』って教えてくれて、初めてそういうものなんだってわかったんだよ。それ以来、ちゃんと自分の名

前を書くようになった。でも、テストで問われている内容は理解できていなかったから、毎回0点だったんだけどね〉

子どもの頃のぼくは比較的、勉強ができるタイプだった。テストで百点を取るのは当たり前のことだった。

そんなぼくを見て、母はしばしばこう言った。

〈大ちゃんはすごいね。お母さん、馬鹿だから、勉強なんてできないのよ〉

どうしてそんなことを言うのだろう？　当時のぼくは、母の胸中を想像することができていなかった。

でも、母は勉強ができなかったのではないのだと思う。言葉を知らない状態で、教科書の内容を理解することなんてできない。

ただ、そんな状況でも小学校を休むことはなかった。

〈勉強はわからなかったけれど、同級生と遊ぶのが楽しかった。帰宅したらカバンを放り投げて、広場に集まるの。かくれんぼをしたり、ブランコに乗ったりして、ずっと遊んでたよ〉

なかには冴子のことを馬鹿にするような子もいた。指差され、「あっぱ」と笑われる。この「あっぱ」とは宮城の方言で、「馬鹿」や「阿呆（あほう）」を意味する。

〈でもね、同じクラスだった女の子が、こっちにおいでって手招きして、守ってくれたんだよ〉

親切にしてくれたのは彼女だけではない。いじめっ子もいたが、それ以上にやさしい子たちばかりだった。

卒業の直前、教師の口から、冴子が仙台にあるろう学校へ通うことが発表された。するとクラスメイトたちは寂しがり、代わる代わる手を握ってくれたという。

また、隣の席の男の子は寂しそうに笑うと、冴子の頭を撫（な）でてくれた。

〈ろう学校に通うようになってから、一度だけ駅のホームでその男の子と再会したの。向かいのホームにいて、わたしに手を振ってくれて。でもなんだか恥ずかしくて、思わずそっぽ向いちゃった。それっきり、その子とは会ってないな……〉

離れ離れになる母に対して、みんなはどんなことを思っていたのか。「寂しがってくれた」というのは、母が受けた印象の話だ。一人ひとりの子の胸の内を、母は知ることができなかった。

そこには共通言語がなかったから。

ろう者の歴史――森壮也さんに訊く

ここまでの話を聞いたぼくのなかには、ひとつの疑問が芽生えていた。

母はどうして、最初からろう学校に通わせてもらえなかったのだろうか?

地元の小学校へ通わせることを決めたのは、もちろん、祖父母だ。ふたりがなにを考えていたのか、もういまでは知る術もない。

けれど、当時の時代背景を踏まえれば、ふたりの思いに近づけるかもしれない。

そう考えたぼくは、障害学会の元理事であり、ろうの当事者として手話言語やろう文化について研究、発信をしている森壮也(もりそうや)さん(一九六二〜)を訪ねることにした。

二〇二二年八月、ぼくは昼過ぎに約束の場所へと向かっていた。落ち着いた場所でゆっくり話したかったため、レンタルスペースを借りることにした。少し早めに到着し、飲み物などの準備をしていると、ドアがノックされた。立っていたのはふたりの手話通訳士さんだ。ぼくの手話の実力では、森さんの話を正確に読み取ることができそうにない。貴重な機会を無駄にするわけにはいかなかったので、森さんが普段から仕事を依頼することの多い通訳エージェントを介して、通訳士さんを手配した。

時間になり、再度ノックの音が響く。ドアを開けると、にこやかに笑う男性が立っていた。森さんだ。

和(なご)やかな空気のなか、挨拶(あいさつ)を交わす。早速ですが、と前置きし、「手話の歴史やろう文化について教えてください」と伝えると、森さんはゆっくり語り出した。

歴史のなかにはっきりとろう者が現れるのは、室町時代のことだという。

当時、盛んに催(もよお)されていた狂言(きょうげん)のなかに、ろう者が登場する演目があった。また、室町時代後期から江戸時代にかけて制作された洛中洛外図(らくちゅうらくがいず)のなかには、手話を使っていると見られる人の絵が描かれているそうだ。さらに江戸時代の寺子屋(てらこや)には、ろうの子どもたちが複数名通っていたことがわかっている。

〈ろうの子どもたちが数名いたということは、そこに手話があったのではないかと推測でき

ます〉

一八七八年には、日本で初めてとなるろう学校「京都盲唖院」が設立された。創始者である古河太四郎は、近隣に住むろうの姉妹が手話で会話している様子を見て、それを用いればろう者にも教育ができると思い立った。

これらを踏まえると、つまり手話とは、「聴者がろう者のために作り出した言語」ではなく「ろう者の間で自然発生的に生まれた、独自の言語」であり、ろう者のなかには昔からあったものだと考えられる。

これはなにも日本に限ったことではない。ろう者の集団のなかに手話が存在していた、という記述は、世界中のさまざまな文献で見つかるそうだ。

〈フランス革命の頃の哲学者たち、たとえばルソーなんかも手話について言及しています。世界中にろう者がいて、その場所には手話があった。これは歴史的にどの国でも見られることだったのです〉

一九六〇年、アメリカにあるろう者のための大学「ギャローデット大学」の教授、ウィリアム・ストーキーは、「手話は言語である」ことを証明する研究を出版した。当初、彼の主張は一笑に付されたが、その後、時間をかけて認められていった。現在では多くの研究者が手話言語学の分野で研究を進めている。

その一方で、手話を軽んじる風潮は長く続いた。代表例となるのは、ろう者に対して行われていた「口話法」だ。厳しい訓練により声で話せるように、そして口の形を読み取れるようにする、つまりはろう者を少しでも聴者に近づけるようにする教育法だった。

古河太四郎がはじめた手話を用いた教育法は、一九三〇年代前半まで続いた。しかしその頃、ヨーロッパで口話法が進められたことを機に、国内でもその動きが盛んになった。決定的だったのは一九三三年、鳩山一郎文部大臣が「口話法によるろう教育」を推奨する訓示を出したことだ。以降、ろう教育の現場では、口話法が公式な手段として用いられるようになっていった。

当時、日本の教育者だった川本宇之介は、口話法を牽引した人物のひとりだ。

〈一八八〇年に開催されたミラノ会議で、『ろう学校で手話を使うことを禁止し口話のみを奨励する』と決議されました。それを機に、世界的に口話法へと傾いていきます。その後、口話法が広がっているヨーロッパを視察した川本は、日本もそれを取り入れるべきだと考えていったと言われています〉

ろう教育の現場において、あらためて手話の必要性が訴えられるようになったのは、一九六〇年代に入ってからのことだ。

長い間、ろう者にとっての言語である手話は排斥(はいせき)され続けてきたのである。

森さんはそれを〈権利が奪われてきたんです〉と言う。

〈日本に住む日本人にとって、日本語が話せるということを〝権利〟だと捉えている人は少ないかもしれません。通じない状況がないですからね。でもこう考えてみてほしいのです〉

言語を権利として捉えるために、森さんは次のような話をしてくれた。

たとえば、日本語の通じない外国で暮らすことになったとする。しかもそこは車がなければ生活が立ち行かないような辺鄙(へんぴ)な場所。そうとなれば、自動車免許を取得しなければいけない。しかし、試験の問題はその国の言語でしか受けられない。運転の知識はあっても、言葉の理解が追いつかないため、試験に何度も落ちてしまう。やがて、生活にも支障が出てしまう……。

言語が認められないということはつまり、その後の人生にも大きな影響を及ぼすということなのだ。

これをろう者の歴史に照らしてみると、口話法によって無理やり教育されてきたろう者たちは、権利を侵害されてきたことになる。

母がろう学校に入学したのは一九六七年。歴史を踏まえるならば、その頃にはろう教育における手話の必要性が提起されていた頃だ。実際、母自身は厳しい口話訓練を受けてこなかったという。

ただし、父は口話訓練を経験していた。それは小学生だった父が、岩手県にあるろう学校に入れられ、寄宿舎に寝泊まりしていた頃のことだ。口の前に水を張ったコップを置かれたり、薄い紙を垂らされたりして、何度も何度も繰り返し発声練習をさせられる。水面や紙の動きで、きちんと声が出ているのかどうかを確認しながら。

まだ幼い父にとって、それはどれだけ苦痛だっただろうか。

祖父母の胸中

一九六〇年代から八〇年代にかけて、日本ではろう教育の現場にどうやって手話を導入していくのかが議論されてきた。その過程で日本手話学術研究会が立ち上げられた。「手話とはなにか」を研究するためだ。そして、一九六八年には「同時法的手話」が生まれた。考案したのは栃木県立聾学校の教員たちだった。彼らはろう者が使う手話を「伝統的手話」と呼び、それは教育に適さないとした。それに代わるのが、同時法的手話だ。日本語を話しながら、それに合わせた語順で手話を出していくものである。これが現在、「手指日本語」や「日本語対応手話」と呼ばれるものへとなっていく。ちなみにろう者が使う伝統的手話とは、いまでいう「日本手話」と、ろう教育を受けていないろう者が用いるホームサインが綯い交ぜになったもののことだ。

　手話を言語として捉え、国内で研究が進められるようになったのは、それから約二十年後、一九八〇年代後半のことである。

〈その頃、それまではろう学校の教師が中心となって行われていた日本手話学術研究会に、言語学者たちが集まるようになっていきました。やがて、手話はただの単語の羅列ではないことが明らかにされます。音声日本語では『手話』という単語はＳ・Ｈ・Ｕ・Ｗ・Ａに切り分けられるのですが、これらを音韻・音素といいます。これをいくつか組み合わせることで、『手話』という単語レベルの塊を作ることができる。単語はそれ自体が意味を持つ。でも音韻・音素自体は、意味を持たない。言語というものはそういった要素で成立しています。そしてそれが、ろう者の使う手話にも当てはまるのです〉

手話にも音韻・音素のような語よりも小さい単位があり、それらを組み合わせることでひとつの語になる。前述したストーキーにより、そうした音声言語と同じ仕組みを手話も持つことがわかったことで、手話が言語であることの証明になったのだ。

〈それでもまだ、解決されていない問題は残っています。最近でも、北海道にあるろう学校に通うお子さんが、『日本手話で授業を受けたい』と訴えを起こされました［筆者注：二〇二二年十二月に一回目の裁判が行われた］。先程、手話にも音韻・音素があるとお話ししましたが、北海道のろう学校での事例はおそらくまた違ったレベルの問題で、そもそも手話の語順や非手指動作（NMS）を理解していない教師がいるため、授業に弊害が出ているということだと考えられます。聴者からすれば『日本手話じゃなくたって、手が動いていればなんでもいいでしょう』という認識です。でも、ろう者の母語である日本手話で教育を受けるのは、ろう児の権利ですよ。それを理解してもらうためには、まだまだ時間がかかるかもしれません〉

言語を奪われるのは、権利を奪われるのと同義――。

だとするならば、小学校を卒業するまでの母は、その権利を奪われてきたことになる。

では、奪ったのは誰か。母に手話を与えなかった、祖父や祖母なのだろうか。

〈必ずしも、ご家族が悪かったとは言い切れないかもしれません。当時は社会的な抑圧の強い時代でした。手話を使っていると、みっともないからやめなさいと言われてしまう時代だったんです。なかには、手話を使うろう者のことを『動物みたいだ』と指差す人もいました。同時に、もしかしたら五十嵐さんのおじいさん、おばあさんには、娘を手放したくないというエゴのような感情もあったかもしれませんね〉

手話を覚えることで、自分から離れていってしまうのではないか。だったら手話なんて教えずに、ずっと側に置いておきたい。聴こえない娘が心配だから、可愛いから——。

世間の目を気にしていた、もしくは娘を手放したくなかった。あるいはその両方か。

いずれにしても、祖父と祖母の胸中は複雑だったのだろう。

もしもふたりが生きていたら、腹を割って話せるのに……。

落胆の色を隠せないでいると、森さんが言った。

〈聴者がろう者の気持ちを理解するのは、簡単なことではありません〉

当時、みんなが聴こえるなかで、たったひとりだけ聴こえなかった母。その気持ちを、誰もちゃんと理解できていなかったのだろうか。

〈ろう者は言語的マイノリティです。その気持ちを理解するためには、聴者も同じような経験をする必要があります。たとえば、ろう者の集団に入ってみる。そこで音声言語が通じない経験をすることで、初めてろう者の気持ちがわかるのではないか、と思います〉

もしもいま、祖父母が生きていたら、たとえばろう者が集まる場所へ連れて行けたかもしれない。そうすれば、ふたりとも手話を勉強してみよう、と思ってくれたかもしれない。

いまから七十年ほど前、銀三と奈江子は、聴こえない娘を前になにを思っていたのだろうか——森さんへの取材を終えた帰り道、ぼくはずっとそのことを考えていた。

第二章　ふたりの姉

母にとってはやさしい父親だった、銀三。しかし、祖母にとって「やさしい夫」だったとは言い難い。ぼくの記憶にも残っている通り、祖父と祖母はしょっちゅう衝突していた。ふたりの喧嘩は大抵、祖父が泥酔するところからはじまる。

大酒飲みの祖父は、酔うと目が据わる。呂律が怪しくなってきた頃には、祖母に難癖を付け出す。反論する祖母に対し、次第に大きくなっていく祖父の声。

もうやめてほしい——。目の前で言い争うふたりを見ては、しばしばそう願った。でも、ヒートアップする祖父はもはや手がつけられず、最終的には祖母に暴力を振るった。

物を投げつけられ、髪の毛を摑まれ、祖母は悲痛な声を上げる。幼いぼくは、何度も祖母を守ろうとした。けれど、「うるせぇ！」と恫喝されると、その場に縫い付けられたように動けなくなる。やがて騒動に気づいた母や父によって諫められると、祖父は捨て台詞を吐いて寝室へと引っ込んでしまう。あとに残されるのは、泣いている祖母と震えているぼく、そして困惑する両親だった。

だからぼくは、祖父のことが嫌いだったのだ。

〈ぼくが覚えている限り、おじいちゃんとおばあちゃんは喧嘩ばかりしていたけど、昔は仲がよかった？〉

〈ううん。お父さん、わたしにはやさしかったけど、お母さんとは喧嘩ばかりしてたよ。大喧嘩すると、必ずどちらかが家出するの。そして理由はわからないけれど、家出するときは必ずわたしも連れて行かれた〉

祖父も祖母も、聴こえない母のことを置き去りにはできないという気持ちがあったのだろうか。

〈これは大人になってから由美ちゃんに教えられてびっくりしたことなんだけど……。あるとき、いつものようにふたりが大喧嘩をして、お父さんがわたしを連れて家出しようとしたの。そのとき、お父さんはなんて言ったと思う？〉

〈……わからない〉

〈冴子と一緒に死んでやるって、そう言いながら、わたしの手を引っ張ったんだって〉

怒りに歯止めが効かなくなった祖父は、母と一緒に心中（しんじゅう）しようとしたのだ。

しかし、それを止めたのが二歳上の由美だった。祖父に縋りつき、「さえちゃんを連れて行かないで」と泣いた。
〈絶対にさえちゃんを連れて行かせないって泣いてお願いしたら、お父さんの怒りも鎮(しず)まって落ち着いたらしいよ〉

祖父母の間に入り、由美はいつもふたりの仲を取り持とうとしていた。それだけではなく、母にもよく話しかけてくれたという。

〈わたしの目をじっと見て、なにがしたいのか、なにが食べたいのか、そういうことを理解しようとしてくれていたのよ。当時、誰も手話ができなかったけど、それでも由美ちゃんは一生懸命にわたしとコミュニケーションを取ろうとしてくれていた。由美ちゃんは周りにすごく気を使う、とてもやさしいお姉ちゃんだった〉

由美について話すときの母は、信頼感に満ちた表情を浮かべる。母にとってはそれくらい、由美の存在が大きいのだ。

一方で、もうひとりの姉である佐知子についてはどうか。

五歳上の佐知子は、母から見て、とても大人びていたという。

〈夜ごはんを食べ終わると、さっちゃんはふらっとどこかへ行っちゃうの。一度、こっそりついて行ったんだけど、そうしたら家の裏で煙草（たばこ）を吸ってた。わたしが見ているのに気づくと、さっちゃんは慌てて火を消して、鼻に人差し指を当てて、シーってやるの。それが面白くてね〉

当時の佐知子は、不良っぽいところがあったのだ。

〈年齢も離れていたからあんまり一緒に遊んでくれなかったけど、パーマをかけたりしてオシャレにしているさっちゃんを見ているのは、なんだか楽しかったよ〉

由美とは異なり、佐知子があまり母のことを気にかけていなかったのかというと、決してそうではない。

ぼくがまだ実家に住んでいた頃、佐知子も塩竈で生活していた。佐知子の家は実家から徒歩圏内にあったため、しょっちゅう遊びに来ていた。学校から帰宅したぼくを、居間で待ち構えていることもしばしばだった。

母と一緒にスーパーまで買い物へ行き、一緒に夕飯の準備をする。佐知子は料理が得意だったので、台所で母になにかを教えている姿もよく見かけた。

母のことを心配している、とは言わなかったものの、佐知子は佐知子なりのやり方で母に寄り添っていたのだろう。

佐知子も由美も母にとってはとても大切な〈お姉ちゃん〉であり、またふたりにとっての母は、いつまで経っても気がかりな妹だったのかもしれない。

だからこそぼくは、ふたりに話を訊いてみたいと思った。幼い頃から母の側にいたふたりには、なにが見えていたのか。それを知ることはつまり、母の人生を多面的に理解するということだ。

早速ぼくは、ふたりにコンタクトを取った。

「お母さんについて、訊きたいことがあるんだ」

事前に連絡すると、佐知子も由美も好意的な返事をくれた。

由美とはしばらく会っていなかったし、若い頃は衝突することもあったため不安だったものの、「わたしでよければ、なんでも話すよ」と言ってくれた。佐知子は「食べたいものがあったら作っておくからね」とのこと。伯母にとってのぼくは、何歳になっても甥っ子のままな

ひとりめ——佐知子

のだろう。

現在の佐知子は、実家から四駅隣にあるアパートでひとり暮らしをしている。

東京駅で買った手土産を下げ、インターフォンを鳴らす。するとすぐに佐知子が顔を覗かせた。久しぶりに会うのがうれしいのか、頬が緩んでいる。

ぼくも笑い返しそうになり、次の瞬間、言葉を失ってしまった。

佐知子が喉元に巻いているスカーフを取ると、そこには穴が空いていた。

佐知子は数年前に喉頭がんを患い、摘出手術を受けた。がんは取り除けたものの、術後の経過が芳しくなく、再手術を受けた結果、喉に穴が空いた状態のままで生活することになってしまったという。そのせいで話し声がガサガサしており、うまく発声できないようだ。

「大ちゃん、久しぶりね。いらっしゃい」

久々に耳にした伯母の声は、記憶のなかのそれとかけ離れていた。

そんな状態なのにインタビューを受けてくれることへの感謝を伝え、土産のお菓子を渡すと「あら、ありがとう。そんな気遣いもできるようになって、立派になったねぇ」とおどけてみせる。その様子に少しだけホッとした。中身は変わっていない、佐知子のままだ。

築年数が結構経っていると思われるアパート内には、デミグラスソースの匂いが漂っていた。わざわざ手作りハンバーグを用意して、待っていたという。それを摘みつつ、ぼくは佐知子の語りに耳を傾けていった。

「さえちゃんの耳が聴こえないことがわかったのは、多分あの子が三歳か四歳の頃だったかなぁ……。全然喋らないから、『あれ？』って思ったのよ。耳が聴こえる由美と比べると、さえちゃんはやっぱりどこか違っていた気がする。家のなかにいても大人しくてさ」

当時、小学生だった佐知子は腎臓の病気になってしまった。治療に専念しなければ最終的には透析しなければいけなくなると宣告され、奈江子とともに毎日のように通院していた。それもあって佐知子は、「お母さんはわたしに付きっきりで、さえちゃんのことまで手が回らなかったのよ」と申し訳なさそうに振り返る。

「それで、千葉の病院で検査を受けることになったんだよね？」

「そう。千葉には伯母ちゃんたちが住んでいて、千葉医大で診てもらえって言われたのよ。その検査の結果、『この子は生まれつき耳が聴こえない』って。その頃の体験がきっかけで、さえちゃんは病院嫌いになったんだよ」

妹の耳が聴こえないことが判明したものの、佐知子は特に動揺することもなかったそうだ。

「お母さんもお父さんも、特になにもしなかったのよ。だからわたしも、あえて意識することもなくて。ふつうに面倒を見てたんだよ。コミュニケーションを取るときは、さえちゃんの体をトントンって叩いて、じっと目を見ながら身振り手振りで伝えるの」

家族だから通じ合える、という言説はあまり好きではない。それでもたしかに家族の間に流れる空気は、ときに言葉よりも饒舌になる。ぼくと母は手話と口話、筆談、ボディランゲージなどを混じえて会話するけれど、それらを使わなくとも、空気感で互いの言いたいことを察する瞬間がたびたびあった。

その実体験に照らしてみれば、佐知子のいうコミュニケーション方法でも、想像以上のことが汲み取れていたのかもしれない。

ただ、やはり人と人とがわかり合うためには、共通言語が必要だ。そして母にとっての言語とは、手話である。祖父も祖母も、やはり手話を覚えるべきだったのではないだろうか。

「そこまで気が回らなかったのよ。ご飯にイワシを乗っけて、みんなで火鉢を囲んで食べるの。いまよりもずっと貧しい時代だった。だから、生活するのに精一杯で、それ以上のことは考えられなかったんだと思う。ただね、お母さんもお父さんも、さえちゃんのことは可愛がっていたんだよ。特にお父さんはね、家にお客さんが来ると、『佐知子、さえちゃん連れて奥に行ってろ』って言うの。意地悪しているんじゃないんだよ？　他人から『この子、聴こえねぇのかや』って言われるのが嫌だったの。さえちゃんが周りの人からあれこれ言われないようにって、いつも気にしていたんだから」

「心配だった」

家族以外の人、たとえば近所に住む同世代の子どもたちとはどのように交流していたのだろうか。母は〈なにを喋っているのか、わからなかった〉と言っていた。それでも一緒になって遊ぶ友達はいたのだ。そこにはどんなコミュニケーションがあったのか。

「さえちゃん、家のお金を持ち出して、近所の子たちにご馳走していたことがあったのよ。もう大盤振る舞い。もちろん、お母さんに見つかって怒られたんだけどさ。もしかしたら、ご馳走すればみんなが寄ってきてくれるって考えていたのかもしれないよね」

「友達じゃなかったってこと？」

「わたしにはわからないけどね。ただ、同じように聴こえない人たちと付き合うようになってから、交友関係も変わっていったみたい」

ろう学校に通うようになり、母の世界は変わっていったのかもしれない。そこには手話の獲得も関係しているのだろう。

ただし、それは小学校を卒業してからの話だ。つまりそれまでは、コミュニケーション手段もわからないまま、聴こえる世界に取り残されていたのではないか。

聴こえない母に対し、どうして周りの人たちはなにもしなかったのか不思議でならない。佐知子は「そこまで気が回らなかった」と言うけれど、そんな状況下にいた母は、とても孤独だったのではないかと思う。

「小学生になっても自分の意志を伝えられないなんて、すごくしんどかったと思うよ？　おじいちゃんもおばあちゃんも、どうしてなにもしなかったの？　悩んだり心配したりしなかった？」

通常の取材であればあり得ないことだけれど、インタビュー中にもかかわらず、ぼくは声を荒らげてしまっていた。そんなぼくを見て、佐知子は曖昧(あいまい)に微笑(ほほえ)む。

「お母さんもお父さんも、悩んでいたとは思うよ。でもそれを、娘のわたしたちには言わないでしょう」

祖父も祖母も、最期の瞬間まで手話を使うことはなかった。

ふたりには、もっとできることがあったはずなのに――。

佐知子の話を訊きながら、胸の奥底から湧いてくる憤り（いきどお）を抑えることができなかった。

「そもそも、手話というものが存在することを知ったのも、しばらく経ってからなんだよ。さえちゃんがろう学校に通うようになって、そういうものがあるのかって。でも、わたしたちには手話がわからなかったから、家庭内では使わなかったの」

母がろう学校に入った頃、佐知子は家を出た。だからその当時、ふたりがなにを思っていたのか、正確にはわからないという。

子どもの頃の母についてあまり話せることがない代わりにと、佐知子は、母と父が結婚したときの思い出を語りはじめた。

「さえちゃんと浩二くんが結婚した当初、ふたりは仙台のアパートを借りたのよ。でもね、こんなことを言ったら申し訳ないんだけども、そこに聴こえない人たちが集まってきちゃって、それはそれで大変だろうなって思った。ふたりの家がまるで溜（た）まり場のように利用されちゃうんじゃないかって」

聴こえる、聴こえないにかかわらず、自宅を誰かの溜まり場にされてしまうのはたしかに大変かもしれない。それでも佐知子が言う「大変」には、それ以外の意味が込められていた。

「そもそも浩二くんとの結婚も、やっぱり心配だったのよ。相手が聴こえる人なら守ってもらえるけれど、聴こえない人同士だと大変じゃない。大ちゃん、もしも自分の子どもがそうだったら、どうする？」

当時はそういう価値観が〝ふつう〟とされる時代だったのだろう。それをいまさら、ぼくが否定することでもないとも思う。ただし、その価値観を現代にまで引きずるのは違う。もちろん、当時の価値観を肯定してはならないし、これからの時代はさらに個人の意思を尊重すべきだ。聴こえない人同士が結婚したいと願うならば、それを邪魔する権利は誰にもない。

「だけどわたしは、心配だった。子どもができたってわかったときも、もしも子どもになにかあったらどうするんだろうって。泣いているのを見ても、なにが起きているのかわからないかもしれないでしょう？」

心配だった佐知子は、冴子のアパートに何度か足を運び、様子をうかがった。そこにいたのは、ひとりぼっちの冴子だった。

「浩二くんが仕事に行っている間、さえちゃんは部屋にひとりでポツンとしてるのよ。昔のテレビは字幕もないから、つけていたってなにもわからないでしょう？　ただぼんやりしているだけで、さえちゃん、可哀想だったよ」

その日常を垣間見た佐知子は居たたまれなくなり、銀三に冴子との同居を提案した。

だからぼくは生まれてからずっと、母と父だけではなく、祖父母とも一緒に暮らしていたのだ。

「余計なことだったかもしれない。それでも、なにか起きたら嫌だったのよ。お母さんたちと一緒に住んでいればさ、多少は口うるさく言われるかもしれないけど、ひとりぼっちの時間はなくなるし、安心よね」

その後、冴子はひとり息子を出産した。それがぼくだった。そして周囲の大人たちが気がかりだったのは、「ぼくの耳が聴こえるかどうか」だった。

「大ちゃんが生まれたとき、お父さんもお母さんもうるさく『大ちゃん！』って名前を呼んだんだよ。聴こえるのかどうか知りたかったから。わたしも何度も話しかけた。そのうち音に反応するようになって、みんなで『この子、聴こえてるんだね！』って喜んで。ちゃんと聴こえていること、さえちゃんにも教えてあげたんだから。それからしばらく、お父さんはしょっちゅう『大ちゃん、大ちゃん』って呼んでたのよ。大ちゃんからすればうるさかったかもしれないけどね」

佐知子の語りからわかったこと。それは、やはり佐知子は冴子を気にかけていた、ということだった。冴子が結婚し、ひとりの母親になるとき、佐知子はそのそばにいた。長子（ちょうし）としての責任感にも似た感情からの行動だったのかもしれない。

インタビューを終え、少し時間があったのでそのまま佐知子の家で過ごすことにした。一階に娘である茜（あかね）が住んでいるとのことで呼んでみると、小さな子と一緒にやって来た。母親らしい顔つきになっている茜を見て、時間の流れの速さを思った。

夕方になり、由美のもとへと出発する。駅に向かう道すがら振り返ると、佐知子と茜、小さな子の三人がいつまでも手を振ってくれていた。

ふたりめ――由美

由美が住んでいるのは、佐知子の家からは電車で十五分ほどのエリア。ちょうど五駅先だ。由美が家族と暮らすマンションは最寄り駅から少し離れた場所に位置しているそうで、わざわざ車で迎えに来てくれるという。

改札を抜け、駅前のロータリーに降り立つと、車が近づいてくる。ウインドウが下がり、「大ちゃん、こっち！」と由美の声がする。久々の再会にやや緊張しながら乗り込むものの、由美が「よく来たね」と笑いかけてくれ、すぐに伯母と甥っ子の関係に戻っていく。

現在、民生委員をしている由美はとても忙しく、午前中はその研修があったという。若い頃は看護師をしていた。人のために働くのが好きな由美らしい。

〈由美ちゃんは周りにすごく気を遣う、とてもやさしいお姉ちゃんだった〉

母の言葉をふと思い出した。

由美は何歳になっても、誰かのためになにかをするのが好きなのだろう。

マンションまでの車のなか、由美は何度も「さえちゃんとわたしはね、本当に仲がよかったんだよ。だから、どんなことだってわかる」と繰り返す。心なしか、どこか泣き出しそうな口調だった。

辿り着いたのは、とても綺麗で高級感のあるマンションだった。マンションを購入したのは知っていたものの、こうして訪れるのは初めてだ。きっちりした性格の由美らしく、室内は整理整頓されている。「忙しくてなんにも準備できていなくて。本当は夜ごはんをご馳走したかったのに、ごめんね」と謝られる。

リビングのテーブルに座ると、淹れたてのコーヒーが出された。カップで手を温めていると、目の前に由美が腰掛ける。

「どんなことだって話せるからね」

こうしてインタビューがはじまった。

まずは冴子の耳が聴こえないことがわかったときのことについて。佐知子にした質問と同じものを投げかけてみる。

「最初はね、近所の人から『この子、耳が聴こえないんじゃない?』って指摘されたのがきっかけだったみたいよ。呼びかけても振り向きもしない。それで、もしかしてって思ったんだろうね。でも、親からするとにかく可愛い頃だから、ちょっとしたことに気づけないのよ。だから、他人のほうが鋭いんだろうね」

由美自身が冴子の耳について理解したのは、由美が五歳の頃だった。きっかけは〝通訳〟だったという。

「さえちゃんは三歳で、当時のわたしは、お父さんからもお母さんからも、『さえちゃんがなんて言っているのか教えて』ってよく訊かれてたの。だから、通訳をしてあげてた。さえちゃんが言おうとしていたことは、全部わかってたんだよ。だからね、途中で手話を覚えようかなって思ったんだけど、自分には必要ないって判断したの。だからわかる、通じるのよ。大人になってからもそう。大ちゃんが生まれてからも、お父さんたちからは『由美、さえちゃんの言ってることがわかんないんだよ』ってよく訊かれてて、そのたびに通訳してあげてた。逆に言うと、同居していたからといって、お父さんたちとさえちゃんが百パーセント通じ合っていたかというと、そこはわからないよね」

けれど、由美が通訳を買って出たのは、両親に頼まれたから仕方なく、ではない。

妹の耳が聴こえないとわかったとき、由美の胸には自然とある思いが広がっていった。

「さえちゃんのこと、助けてあげたいって思ったのよ。だから通訳するのだって当然のことだった。それだけじゃない。さえちゃんがどう捉えていたかはわからないけど、近所の子たちからいじめられることもあった。さえちゃんが外を歩いていると、意地悪な子たちが『あっぱ！　あっぱ！』って騒ぐのよ。それを見つけたら、相手が男の子だろうとなんだろうと、『なんでそういうこと言うんだ！　それは差別なんだぞ！』って歯向かっていったんだから」

振り返ってみれば、由美はとても正義感が強い人だった。いたずらをする子どもの頃のぼくに対し、佐知子が一緒になってふざけるタイプだとしたら、由美は駄目なことは駄目としっかり叱るタイプだ。

由美のその真面目な性格は、生まれ持ったものだったのだろう。結果的にそれが、冴子を〝守る〟ことへとつながった。

「さえちゃんが馬鹿にされていたら、絶対にわたしが守るんだって思ってた。でもね……」

由美の言葉が途切れてしまう。よくよく見ると、由美はうっすら涙ぐんでいた。

「由美ちゃん、大丈夫……？」

「大丈夫、ごめんね。あのね、さえちゃんもすごく強い人だったんだよ。これはわたしが二十歳を超えてからのことなんだけど、お父さんとお母さんが不仲だったこともあって、すごく悩んでいた時期があったの。それこそ……、もう死んでしまいたいって思ってた」

知らなかった。由美にそんな過去があったなんて、想像すらしたことがなかった。

うまく反応ができず、ぼくは黙ったまま由美が続けるのを見守った。

「そのとき、わたしの気持ちに気づいたさえちゃんが、『由美ちゃんは耳も聴こえるし、なんの障害もないのに、どうして死にたいって思うの？　わたしは耳が聴こえないし、思うように喋れないけど、死のうなんて思ったことは一度もないよ！』って叱られたの。その言葉で目が覚めて、立ち直ることができた。だからね、大ちゃんのお母さんは、本当に強い人なんだよ」

喧嘩ばかりしていた銀三と奈江子の様子が頭のなかで再生されていく。

そんな親を持った由美がどれだけ苦しい思いをしたのか、軽はずみにわかる、なんて言えない。

でも、本当に苦しかったとき、由美を救ったのが母の一言だったという。それを聞き、ぼくは胸が一杯になってしまった。

「心配はなかった」

しばらく沈黙が続いた。

由美が母を守っていたように、母も由美を助けていたのだ。決して一方通行ではないその関係を示すエピソードは、由美にとって宝物のようなものなのかもしれない。それを前にしてぼくは、なんと言えばいいのかわからなかった。

いつの間にか、コーヒーの湯気が消えていた。

何分過ぎただろうか。先程まで涙ぐんでいた由美は笑顔を取り戻し、冴子がろう学校に入学してからのことを語り出した。

「さえちゃんはろう学校に入ってから、ますます活き活きとしていったの。いま思えばそれまでは、聴こえないことで、できることが制限されていたんだろうね。通常学級に通わせていたけど、先生の言っていることがわからないから宿題だってできなくて。でも、ろう学校だと他の子たちも聴こえないから、条件が一緒なわけでしょう。みんなとも仲良くなって、本当に楽しそうにしてた」

そんな冴子を見て、銀三と奈江子はなにを思っただろうか。

由美の目から見て、ふたりとも「最初からろう学校に通わせればよかった」と後悔していたようだったという。それにはぼくも同意だ。ただ、そこには親としての複雑な気持ちもあったらしい。

「仮に小学生の頃に入学していたら、寄宿舎で生活することになるの。お父さんもお母さんもさえちゃんのことが人好きだったから、そんな小さい頃から離れて暮らすなんて考えられなかったんだとも思う。親としては苦しいじゃない。それにね、小学校に上がる前、ろう学校の幼稚部に一週間くらい通ったんだけど、そのとき『この子、通常学級でも大丈夫かもしれませんよ』って言われたのよ」

可愛い娘と離れて暮らす寂しさに加え、ろう学校側からの思いがけない提案もあり、銀三と奈江子は、冴子を地元の小学校に通わせることを決意したのだ。

ふたりは決して、冴子のことを考えていないわけではなかった。

「でも、結局は無理だったんだよね。だから、ろう学校の中等部に入って楽しそうにしているさえちゃんを見て、やっぱり初等部から通わせればよかったなって感じたんだと思うよ」

ろう学校で冴子は、思い切り青春時代を堪能することになる。そこで出会ったのが、浩二だった。

「さえちゃんはね、ずっと浩二くんに憧れてたんだって！　その頃、浩二くんは陸上部の選手で足が速くて、みんなから『三浦友和(みうらともかず)に似てる！』って騒がれていたんだよ。人気者だったみたいね。でも、さえちゃんの思いが届いて、高校生のふたりは付き合うようになるの。そして卒業する前に――駆け落ちした」

母と父が駆け落ちしていたことは、知っていた。あるとき、祖母がぼくに話してくれたのだ。本人の談ではなかったため正確な理由まではわからなかったものの、なんとなくイメージはしていた。

きっと、ろう者同士の結婚を許してもらえなかったのだ。

ただ、それは結婚を意識するようになってから、少なくとも二十歳を超えてからのことだと思っていた。それが、高校生時代のことだったなんて――。

「さえちゃんは小学校に入るとき、一年遅れていたの。だから高校卒業前とはいっても、十九歳になっていたんだけど、それでもまだ二十歳前のことよね。朝、『いってきます』ってふつうに出ていったんだけど、夜になってもなかなか帰ってこなくて。心配して、みんなで必死になって探した。そうしたら、岩手県の釜石市のほうで見つかったの」

卒業を待たずして、駆け落ちする。相当な覚悟と理由があったのだろう。

でも、由美は詮索しなかったという。

「詳しいことは訊かなかった。わたしのなかで、その一件はタブーにしてるから。お父さんとお母さんは仲が悪かったし、いろんなことが嫌になったのかもしれない」

「もしかして、みんな、ろう者同士で付き合うことに反対したりした……？」

そんなことあるわけない、とでも言うように、由美は大きく首を振った。

「浩二くんの耳が聴こえないことに対しては、なんにも思わなかったよ。浩二くんの家庭も複雑だったから寂しかったんだと思うけど、毎日さえちゃんに会うために家までやって来てさ。そうするとお母さんが夜ごはんを用意して、一緒に食べるのよ。それがとっても楽しかったんだろうね。本当に毎日遊びに来てたんだから。そんな浩二くんのことを、わたしもお母さんも可愛がってたし」

だから由美は、やがて結婚するであろうふたりの未来を、自然に応援していたという。

「ふたりの結婚に反対なんてしなかった。浩二くんもとってもいい子だったし。ふたりが結婚して、家を出ることになったときも心配はなかった。浩二くんがいてくれるなら大丈夫だなって思ったんだよ」

ただし、由美はそうでも、新婚生活を送るふたりのことを、誰よりも心配する人がいた。銀三だ。

暇を見つけては、たびたびふたりのアパートを訪ねる。しかしある日、銀三の胸を潰(つぶ)すような出来事があった。

「いつもみたいにアパートまで行ったお父さんが、インターフォンを鳴らしたんだって。でも、さえちゃんがなかなか出てきてくれなくて。しびれを切らして窓から覗き込んでみたら、さえちゃんが一生懸命お化粧してたのよ。でも、インターフォンの音は聴こえないから、何度鳴らしても出てきてくれない。諦めて帰ってきたお父さんは、『これが聴こえないってことなんだな……』ってこぼしていて、すごく悲しい顔をしたのよ。そのときの表情は、いまだに忘れられない。そんな出来事もあって、いずれは一緒に暮らそうと思うようになったみたい」

〝通訳者〟として

冴子が銀三たちとの同居をスタートさせたのは、「ぼく」がきっかけだった。

佐知子の提案、そして銀三自身が体感した「娘の耳が聴こえないということ」が相まって、妊娠(にんしん)した冴子は、浩二とふたりで暮らしていた仙台のアパートから、生まれ故郷である塩竈へと帰ってきた。

そして間もなく、出産を迎える。産婦人科に運ばれた冴子に、一晩中付き添ったのは、他でもない由美だった。陣痛(じんつう)に苦しむ冴子の手を握り、医師や看護師の言葉を通訳する。それは、幼い頃からずっと側にいて、看護師として働いた経験も持つ、由美にしかできないことだった。

「でもね、なかなか生まれてこないのよ。それでこっちが疲れちゃって、ついウトウトするじゃない？　そうしたらさえちゃんから『わたしはこんなにお腹痛くて苦しいのに、お姉ちゃんはよく寝てられるわね！』なんて怒られちゃってね」

妊婦や出産をテーマにしたマンガ『コウノドリ』のなかに、母と同じように先天性のろう者である妊婦が登場するエピソードがある。登場人物たちは筆談や簡単な手話を用いて、彼女とコミュニケーションを図っていく。そう、当たり前のことかもしれないが、出産時には医師や看護師と連携することが必要不可欠だ。

じゃあ、母は一体どうしていたのか。このエピソードを読んだとき、純粋な疑問が浮かんだが、由美の話によってその疑問が氷解した。

母が無事に出産できたのは、由美が側にいてくれたからだったのだ。

「結局、帝王切開することになったの。だけどそのときも、『もう痛くて仕方ないから、さっさと切ってください！』なんて言うんだよ。だからお医者さんも看護師さんも、みんな笑ってたね。そうやって生まれてきたのが、大ちゃんだった」

もちろん、その場には家族も集合していた。奈江子はぼくを見て、「浩二くんそっくりね！さえちゃんに似てもよかったのに」と笑っていた。肝心の父は、「ああ、俺の子だ！」と感動していたという。

「数カ月経って、『大ちゃん』って声をかけるとニコニコ笑い返してくれるようになったから、ああ、聴こえているんだなって思ったんだよ。そんなことよりもまずは無事に生まれてきてくれて、なによりもさえちゃんがすごくうれしそうにしてた。さえちゃんにとって、大ちゃんは〝いのち〟なんだと思う。自分ができなかったことはなんでもさせてあげたいって考えてたし、だから、滅多に怒ることもなかったでしょう?」

たしかに、母はあまり怒らない人だった。母の障害に対して、ぼくがどんなに酷いことを言っても、弱々しく笑って〈ごめんね〉と謝るばかりだった。

「大ちゃんがこうして本を書くようになる前、まだフリーターをしていた頃もね、『絶対に大丈夫』って信じて、ずっと応援してたんだから」

すると由美が、呟くように言った。「大ちゃんは羨ましいくらいに愛情を注いでもらってたのよ」

「愛情?」

「そう。聴こえないさえちゃんには難しいこと、たとえば学校の先生との面談のときなんて、お母さんが代わりに対応してくれていたでしょう? さえちゃんだけじゃなく、お母さんにとっても可愛い孫だったのよ。わたしからすると、とても羨ましかった。わたしは三姉妹の真ん中として生まれて、膝の上で抱っこされた記憶もないの。わたしが二歳のときにさえちゃんが生まれたから、お父さんもお母さんも、さえちゃんに愛情を向けててね。そういう経験がなかったから、周りから愛してもらっているさえちゃんも大ちゃんも、羨ましいのよ」

そんな由美のなかに、母に対する嫉妬のようなものはなかったのだろうか。

「それはまったくなかった。わたしにとってもさえちゃんは可愛かったし、なにより、あの子は気持ちが綺麗だったからね。ずっと大好きな妹だよ」

いま思えば、由美はきょうだい児にあたる。きょうだい児とは、障害のある子どもの兄弟姉妹のこと。しかも由美の場合は、幼い頃から聴こえる家族と聴こえない妹の間に立ち、通訳を担ってきた。つまり、本来は大人が担うような家族の世話や介護を子どもながらに行う、ヤングケアラーとしても生きてきた。

それはどれだけの負担だったただろう。

「由美ちゃん、ありがとう」

「お礼なんていいのよ。大したこと話せなかったし」

感謝の言葉をインタビューに対するものだと由美は勘違いしていたけれど、なんだか照れくさくて、訂正はしなかった。

由美へのインタビューが終わる頃、由美の夫である康文が帰宅した。時間は十九時に差し掛かっており、外はすっかり暗くなっている。お暇(いとま)しようとすると、康文が駅まで見送ってくれるという。ふたりで仕事の話をしながら駅まで歩き、改札前で別れた。

実家方面の電車に乗り込み、一日のことを反芻(はんすう)しながら、心地よい揺れに身を任せた。


実家では父と母がテレビを観ながら笑っていた。後ろから肩を叩くと、ひどく驚く。思ったよりも早く帰ってきたことにびっくりしたようだ。用意してくれた夜ごはんを食べながら、佐知子や由美から聞いた話を伝える。当時、ふたりはなにを見ていたのか、どんなことを思っていたのか。それを知り、母は懐かしそうに目を細めた。どことなくうれしそうだった。

風呂から上がり、母と雑談する。ここでもまた、伯母たちから訊いたエピソードをなぞると、母は〈そうそう〉〈そんなこともあったね〉と頷く。目の前にいる母は、幼い頃の三姉妹の思い出を慈(いつく)しむように微笑んでいた。

三人の関係のなかにもまた、ぼくの知らないことがたくさんあるのだ。

佐知子と由美へのインタビューを通じて、ぼくはそれを痛感した。

第三章　母校へ

地元の小学校に入学した冴子の周りには、聴こえる人たちしかいなかった。聴こえる教師、聴こえるクラスメイト。幸いなことに、そのほとんどが冴子に対して親切にしてくれる人たちだった。けれど、やはりコミュニケーションの壁は存在した。

聴こえない冴子には、みんなが喋っていることが理解できない。その弊害は、「勉強ができない」という形で表れてしまった。

その様子を見て、銀三と奈江子は、冴子をろう学校へ進学させることを決意する。

ろう学校に進学してからの冴子のことを、由美は「活き活きしていた」と形容した。

他者の目にも明らかなくらい、冴子にとってろう学校は楽しい場所だったのかもしれない。

だとするならば、母の半生を知るうえで、ろう学校への取材は絶対に外せないだろう。

母がかつて通っていた「宮城県立聾学校」は、現在、「宮城県立聴覚支援学校」と名称を変え、しかし当時と変わらない場所にいまも建っている。ホームページには校庭に生えている大きな桜の木の写真が掲載されていて、そこが豊かな環境であることが伝わってくる。

二〇二一年十一月、ぼくは祈るような気持ちで依頼状をしたためた。

母がお世話になっていたこと。母にとって思い出の場所であること。その地を実際に訪れ、この目で確かめてみたいと願っていること――。

すると、教頭の髙城邦弘さん［筆者注：髙城さんは異動となり、現在は別の方が教頭を務めている］から返信があった。

「本校でできることがあるならば、協力させていただきます」

こうしてぼくは、母の母校を取材することになった。

入学――「手話」との出合い

ろう学校への取材を二日後に控えた、冬の日。

東京の自宅で朝から急ぎの原稿を執筆し、東京駅へ向かった。実家に着いたのは十九時過ぎ。母と父がうれしそうに迎えてくれる。

夜ごはんには定番の刺し身や海藻の味噌汁などが並んだ。試しに作ってみたというタコのカルパッチョが思いの外美味しかった。薄切りの玉ねぎとかいわれ大根の辛味（からみ）がさっぱりしていて、淡泊（たんぱく）なタコにとても合う。

今回の取材をはじめて、これまで以上に頻繁に帰省するようになった。必然的に母の手料理を口にする回数も増えた。そのたびに、ぼくはこの味が好きなんだな、と実感する。

雑談もそこそこに自室へ向かい、取材の準備を進めた。

次の日、昼前くらいから雨が降り出した。土砂降りではないものの、屋根を叩くような音がする。

〈雨、降ってるよ〉

驚いた母は、慌てて洗濯物を取り込みに行った。

幼い頃、こうやって雨が降り出すと、いつも母に伝えていたことを思い出す。それだけではない。炊飯器から鳴る「炊飯完了のサイン音」や、開けっ放しになった冷蔵庫の警告音なども母には届かないため、そのたびに知らせていた。すると母はいつも、〈教えてくれてありがとう〉と言った。

慌ただしく動き回る母がようやく一息ついたタイミングで、明日、どこに行くのかを母に伝えた。

〈実はね、明日、お母さんが通っていたろう学校を取材させてもらうんだ〉

〈そうなの！〉

予想外だったようで、母は大層驚いている。

〈だから、ろう学校時代のことも訊かせてくれる？〉

尋ねると、母はうれしそうに頷いた。

まず訊いたのは、入学することになったときのことだ。

〈お父さんの車に乗って、お母さんと一緒に仙台まで見学に行ったの。そこで先生方と面談したんだけど、そのときに『この子は本が読めますか？』って訊かれて。お母さんは『読めません』って答えたみたい。その後もしばらく話し合っていたけど、一体なにを話しているのか、その内容は正直、わからなかった。でも結局、中等部からそこに通うことになったのよ〉

自分がなぜ、わざわざ仙台にある学校に通わなければいけないのか、そのときの冴子には理解できなかった。仲良くしてくれていた子たちと離れなければいけない。寂しく思う気持ちもあった。

〈でもね、ろう学校を見学しているとき、そこに通っている子たちが手を動かして会話している様子を見て、とてもびっくりしたの。みんな耳が聴こえなくて、わたしも聴こえない。同じなんだって思ったんだよ〉

冴子が初めて「手話」と出合った瞬間だった。

横澤さんと大沼先生

入学してしばらくは、奈江子とともに毎朝学校へと向かった。電車とバスを乗り継いで、一時間以上かかる。その道順を、奈江子は繰り返し教えてくれた。そうして通学に慣れた頃、冴子はひとりでろう学校まで通うようになった。

同級生は十五人ほど。七、八人ほどでひとつのクラスが構成され、それが二教室分だ。ただし、同級生とはいえ、年齢はバラバラだった。冴子自身、小学校に入るのが一年遅れていたため、周りの子たちより一歳上だったし、なかには三歳上の子もいた。それぞれに事情があり、進学が遅れてしまったのだろう。

幼稚部や初等部からろう学校に通っている子たちもいた。そういった子たちは、みな一様に手話が上手い。

でも、当時の冴子は手話ができなかった。だからといって孤立していたのかというと、そうではない。手話の上手いクラスメイトたちが、快く教えてくれた。

〈特に一生懸命教えてくれたのが、隣の席にいた横澤さんという女の子。実は幼稚部にちょっとだけ通っていたときに、一度会ったことがある子だったの。わたしのことを覚えていて、久しぶりだねって話しかけてくれた。その横澤さんから、たくさん手話を教わったんだよ〉

最初は日常生活で使うような基本的な単語を、ひとつずつ教わった。靴、トイレ、学校、友達……。わからない表現があれば横澤さんに尋ねる。すると彼女は目の前でゆっくり手を動かし、教えてくれた。

〈半年くらい経った頃には、手話を使ってお喋りできるようになった。入学当初は他のクラスメイトや先輩たちとはほとんど話せなかったけど、横澤さんのおかげで話せるようになったんだよ〉

ある日、帰りのバスのなかで先輩が話しかけてきた。それまでは上手く返答できなかったものの、そのときは覚えた手話で流暢に答えてみせた。

〈きみ、手話できるようになったの?〉

目を丸くしている先輩に向かって、冴子は得意げに〈友達に教えてもらったの〉と言った。

ろう学校時代のことを、母は次から次へと話し出す。遠い昔のことであっても、とても大切な思い出なのだろう。ひとつのエピソードに紐づくように、話題がどんどん広がっていく。〈わたし、注射が嫌いで、予防接種があるときは学校をズル休みしていたの。でも横澤さんが、『痛くないから平気だよ』って教えてくれて。それでも怖がっていたら、横澤さんが腕をつねってきて、『これくらいだから大丈夫だよ』って言うの。ただその力が強すぎてあまりにも痛くて、ふたりで大笑いしたのよ〉

母は思い出し笑いをしていた。目に涙が浮かぶくらい笑っていて、それだけで横澤さんとの日々がいかに楽しかったのかがわかる。

冴子は走ることが得意だった。運動会で行われたマラソンでは、二位になった。ただし、一位だったのは横澤さん。彼女は足が速くて、どんなに頑張っても敵わなかった。みんなから〈走るのが速いね〉と褒められても、横澤さんに勝てないことが悔しい。横澤さんは、良きライバルでもあったのだ。

楽しみにしていた修学旅行では、ちょっとしたトラブルが発生した。毎年、目的地は東京だったのだが、冴子のひとつ前の代が旅行中に事故を起こしてしまったこともあり、自分の代からは行き先が秋田へと変更されてしまった。

〈みんなで東京に行けるのが本当に楽しみだったから、がっかりしたの。みんな、『つまんない！』って怒ってね。でも、行ってみれば秋田もとても楽しかった。二泊して、たくさん思い出ができたんだよ〉

母の話を訊きながら、その青春時代が羨ましくなってしまった。ぼくは学生時代にあまりいい思い出がない。もちろん、ぼくなんかには想像もできないくらい、母には母の苦労があったはずだ。それでも、当時を思い出しながら目を細める母を見ていると、とても豊かな青春時代を過ごしたのだな、と羨ましい気持ちで一杯になってしまった。

そして母は、〝恩師〟の名前も教えてくれた。

〈中等部の国語の先生がとてもやさしい人で、いまでも覚えてるよ〉

〈名前も覚えている？〉

〈うん、大沼先生っていうの〉

〈いまもいるのかな？〉

〈ううん、もう宮城にはいないはずだよ。他の先生のことはほとんど覚えていないのに、大沼先生のことだけはいまでも覚えているの〉


ろう学校に入った冴子は、通常学級で身につけられなかった小学校の勉強からやり直すことになった。数人の生徒とともに特別な教室に集められ、そこで励んでいったそうだ。遅れを取り戻すのは容易なことではない。それでも頑張れたのは、楽しみがあったからだ。それは、お昼に大沼先生とお喋りすることだった。

〈給食を食べながら、大沼先生といろんなことを話したの。大沼先生は耳が聴こえる人なんだけど、手話も混じえながらゆっくり話してくれて。そのとき、聴こえる人ともこうやってお喋りできることを実感したんだよ。それからお父さんともお母さんとも話ができるようになっていったの〉

　耳が聴こえる大沼先生と丁寧なコミュニケーションを重ねていったことで、冴子は「言葉」というものを知った。ろう者に手話があるように、聴者には音声日本語がある。それを使って人は会話をする。ろう者と聴者には言葉の違いがあるけれど、その〝違い〟を理解すればコミュニケーションは取れるようになる。

その気づきは、「言葉という概念」の獲得に近かったかもしれない。

母に大事なことを教えてくれた、大沼先生。いつかぼくも会えるだろうか——。

期待を胸に、ろう学校への取材に向けて、床(とこ)に就いた。早めに寝るつもりだったが、夜更(よふ)けまで寝付けなかった。

宮城県立聴覚支援学校

目が覚めると快晴だったので一安心する。今日は母の通っていたろう学校——宮城県立聴覚支援学校の取材をする。十五時半から約二時間、校内の見学やインタビューに対応してくれるという。

取材の前はいつもそうだけれど、今日はやけに緊張している自分に気づく。「失敗できない」

という思いよりも、母や父が通っていた学校を訪れることができることへの感動や興奮が大きく、故(ゆえ)に落ち着かない。支度を終え、出発時間まで母と雑談しながら過ごすも、ソワソワしていた。

母が通っていたときは電車とバスを乗り継いでいたそうだが、いまは最寄りまでの電車が開通している。それでも到着までの所要時間は一時間ほど。初めて訪れる場所ということもあり、少し早めに家を出た。

仙台駅で仙台空港アクセス線に乗り換え、学校の最寄りである長町(ながまち)駅に到着する。駅の近くにはイケアがあり、さらにはイオンも建設予定らしい。地元の友人によれば、このあたりはファミリー層が多く暮らす、とても住みやすいエリアとのこと。駅から学校までは徒歩十五分ほどだが、気持ちを落ち着けるために、ゆっくり歩いて向かった。

自動車が引っ切り無しに行き交う大きな道路沿いを進み、やがて小道に入ると、学校の敷地が見えてきた。

宮城県立聴覚支援学校の成り立ちは明治三十五年まで遡る。当時、宮城県師範(しはん)学校附属小学校内に「唖生部(あせいぶ)」が開設されたのがはじまりだ。そこから何度か名称や組織が変更されていった。母が通っていた昭和四十年代は「宮城県立聾学校」と呼ばれていたという。その後、昭和五十六年には「宮城県立ろう学校」へ、平成二十一年には「宮城県立聴覚支援学校」へと改称された。

正門に到着し、敷地内を進んでいく。どうやら下校時刻だったらしく、これから帰宅しようという子どもたちが昇降口に溜まっていた。手話でのお喋りに夢中になっていて、とても楽しそうだ。遠方から通っている子は保護者に送り迎えされているようで、車のなかで待機している大人の姿もあった。そういえば正門を入ってすぐのところには寄宿舎も見えた。

――仮に小学生の頃に入学していたら、寄宿舎で生活することになるの。お父さんもお母さんもさえちゃんのことが大好きだったから、そんな小さい頃から離れて暮らすなんて考えられなかったんだとも思う。

由美の言葉を思い出す。

ぼくは小中高と徒歩圏内にある学校をいくらでも選べたため、置かれている状況の違いを痛感した。

来客用の出入り口で受付を済ませると、教頭の髙城邦弘さんが出迎えてくれた。聴者で、とても穏やかな印象の五十代。案内されるままに、まずは校長室へ。校長を務めるのは同じく五十代の聴者である樋口美穂さん。挨拶をし、あらためて今回の取材の目的を伝える。

「本校に通っていた生徒の息子さんに、こういった形でお会いできて、本当にうれしいです。わたしたちにできることがあるなら、協力させてください」

樋口さんがそう言ってくれて、ホッとする。イレギュラーな対応をさせてしまって、迷惑をかけているのではないかと不安もあったからだ。

「あの……、母がこの学校に通っていた頃、大沼先生という方にとてもお世話になったらしいんですが、ご存じですか？」

話の流れから、母の恩師である大沼先生の名前を出すと、樋口さんと髙城さんが顔を見合わせ、とても驚いている。

「大沼先生って、あの大沼直紀先生のことかしら？」

「そうかもしれないですね！」

詳しく訊いてみると、大沼先生は教育学の第一人者であり、つい先日も講演のため学校まで足を運んでくれたそうだ。

「叶うならば、わたしも大沼先生に教わってみたかったくらいです」

ダメ元で、大沼先生への取材を取り次いでもらえないかお願いしてみる。できることならば、母の恩師に会ってみたい。すると、樋口さんは快諾してくれた。

「教え子の息子さんに会えるなんて、大沼先生も喜ばれるはずですよ」

その後、ひとりの教師を紹介される。ろうの児童・生徒たちを指導する中村栄子さんだ。現在四十代の彼女は、十代の大半をこの学校で過ごした元生徒でもある。生徒目線でも学校を知り尽くしているため、今回の取材に対応してくれるという。とてもありがたい申し出を受け、まずは校内見学をはじめることにした。

小さな教室

校長室の前を走る廊下には、これまでの歴史をなぞるように昔の写真が何枚も貼られていた。白黒の写真を見ていると、母や父がここでどんな学校生活を送っていたのかがより具体的にイメージできて、不思議な気持ちになる。

宮城県立聴覚支援学校は幼稚部から専攻科までわかれていて、世代別に通う生徒たちがいる。母が通っていた頃には被服科、金属工業科、産業工芸科、理容科といったコースがあり、そこで生徒たちはそれぞれの希望にわかれ、和裁（わさい）や洋裁（ようさい）、塗装、木工などを学んでいた。ちなみに母は和裁と洋裁を、父は木工を専攻していたと聞いている。現在では、ここを卒業して大学に進学する人もいるそうだ。

〈高等部に進学してからは、専門に学ぶものを選べるようになるんだけど、わたしは和裁と洋裁のふたつを選んだの。ミシンを使って、みんなで服を作るんだよ。学校で作った服を持ち帰って、お父さんとお母さんの前で着てみせたら、『上手だね』って褒めてもらえた。得意だと思ったことはなかったけど、すごく楽しかった〉

母はこの学校で、服作りを勉強したと言っていた。

思い返してみれば、母は手先が器用だった。子どもの頃、彼女が熱心に造花を作っているシーンをたびたび見かけた。針金と紙を使って、色とりどりの花を生み出す。そうやってできた小さな花束を、母は近所の人に配って歩いた。

きっと母が作っていた服も、すごく仕立てのいいものだっただろう。

校内は改修をしているため、昭和の頃とはだいぶ雰囲気は異なるという。けれど、教室を一つひとつ見て回っていると、なんとなく当時のイメージが摑める。小さな教室のなかで、クラスメイトと手話でお喋りをしている母の姿が浮かび上がってくるようだ。

時折、まだ残っている児童たちとすれ違う。みんな、手話で挨拶してくれるので、ぼくも手話で同じように返した。

最後に足を踏み入れたのは、口話を教える教室だった。黒板には口の開き方を解説するイラストが貼られており、ここで児童たちは口話の練習をすることがあるそう。初めて見る光景だったため、正直、驚いてしまった。

「あの……、子どもたちは手話を使わないんですか？　口話がメインなんでしょうか？」

すると、髙城さんが少し複雑な表情を浮かべ、言った。

「もちろん、手話も使います。でも、保護者からの要望に応じて、口話を指導することもあるんです」

保護者からの要望――。つまり、聴こえない子どもに対し「少しでも音声で喋れるようになってほしい」と願う保護者たちがいるということだ。きっとそれぞれが悩み抜いた結果なのだろう。もちろん、他人の家庭や教育方針にぼくが口を出せる立場にはない。それでもぼくは、その光景に複雑な感情を抱かざるを得なかった。

見学を終えると、髙城さん、中村さんから少しだけお話をうかがう時間をもらった。

進学にともなう選択

母から聞いた話だが、当時ひとつの学年には十五人ほどの生徒がいたという。

それを伝えると、髙城さんは驚いた表情を浮かべた。

「とても多いですね」

続けて中村さんが、生徒数の移り変わりについて詳しく教えてくれる。

〈最も多かったのは昭和二十二年から二十五年あたりです。わたしが通っていた頃は、同級生が十〜二十人近くいました。でもいまはだいぶ少なくて。平均すると一学年につき、七人くらいです〉

ただし、それは聴こえない子どもたちが減っている、ということではない。

〈人工内耳手術を受けたりして、地域の学校に通う選択肢が広がった結果だと思います〉

髙城さんが言葉を継ぐ。

「補聴器や人工内耳の進歩もあって、音声言語を獲得できないまま年齢を重ねるということが少なくなりつつあるように感じます。元々の聴力が聴覚支援学校に入る基準にあったとしても、人工内耳を使うことによって地域の幼稚園、小学校に進むという選択肢が生まれているようです」

その一方で、聴覚支援学校を選ぶ人たちもいる。

「理由はさまざまですが、デフファミリー［筆者注：家族みんながろう者の家庭］のお子さんは、やはり聴覚支援学校を選ばれることが多いかもしれません」

聴覚支援学校に通わせるのか、あるいは地域の学校を選ぶのか。当たり前だが、その考え方は家庭によってバラバラだ。

ただし、子どもの進学について保護者が悩まずに済むよう、カバーする仕組みも用意しているそうだ。

「たとえば、わたしたちは相談センターを設けていて、保護者と連携を取りながら、どんな風に育てていけばいいのかを一緒に考えているんです。『子どもの耳が聴こえない』とわかったときの保護者の気持ちは計り知れないものがあります。悩み、孤立してしまうこともある。だから、そういう保護者同士が話し合える場所も用意しているんです」

中村さんが補足する。

〈特に聴者の保護者は、戸惑いが大きいみたいです。だからこそ、わたしは自分自身の姿を見せて、『聴こえなくても心配いらない、大丈夫です』と伝えています。聴こえない当事者

ながっていけばいいなと〉

としての体験談を話すとみなさん安心してくれますし、子どもたちの未来が明るい方向につながっていけばいいなと〉

母は通常学級に通ったものの、音声での授業についていくことができなかった。その結果、中等部からろう学校に通うことになった。いまでもそういった子どもたちはいるのだろうか。

「いますね。それどころか、ここの幼稚部に通っていたものの、地域の小学校、中学校に進学して、そして高等部でまたここに戻ってくるようなケースもあります。わたしたちとしては、もちろん、ここに来てもらいたいんです。でも、仮に地域の学校で学べるチャンスがあるのだとしたら、それも尊重したい。地域の学校は生徒数も多いので、大きな集団と触れ合うことができますから。いずれにしても、本人と保護者に〝選択肢〟を提示できる存在でありたいと思っています。そして、ここに戻ってくる生徒のことも大切にしたい」

子どもと保護者の思いを尊重する一方で、いつだって受け皿になる存在でいたい。それがこの学校のスタンスだ。

「口話」について

ぼくがどんな質問をしても、高城さんも中村さんも真摯に答えてくれるのがわかった。だからこそ、訊いてみたいことがあった。

「先程、口話を学ぶ教室を見せていただきましたが……、保護者のなかには口話を求める人たちも少なくないんですか？」

最初に答えたのは中村さんだった。

〈やはり『手話よりも口話を』という保護者はいます。ただ、子どもたちを見ていると、『手話を使って喋りたい』と思っている割合のほうが多いように感じます〉

それに続いて、高城さんも口を開く。

「学校としてはいろいろな手段を用意して、トータルでサポートしていければと考えているんです。小中と地域の学校に通っていたために手話が身につかず、それでいて高等部からここに通い出す子もいます。そういう子に対しては口話がコミュニケーション手段になりますし、もちろんなかには手話も口話も使うようなタイプもいます。また、社会に出たときに臨機応変に対応できるよう、筆談やＵＤトーク［筆者注：音声をテキストに翻訳するサービス］のようなものを活用したコミュニケーション方法の素地を養うことも意識しているんです」

　ふたりのお話を聞いていると、「聴こえない子どもたちが社会に出てから困らないようにしたい」という思いを強く感じる。だからこそ、さまざまなコミュニケーション手段を身につけられるような環境を用意しているのだろう。

　その一方で、「手話」がもっと社会に広まっていけば、聴こえない人たちだけが社会に合わせる構図が変わっていくのではないか、とも思った。歩み寄るとはどちらか一方に負担を押し付けることではなく、双方が一歩ずつ前へ出ることだ。

　いつの日か、聴こえない子どもたちも、その保護者も、気兼ねなく「手話」を選択できる日が訪れたらいいな、と思う。「口話」だけが正しい道ではないのだ。

「ここに来る途中、昇降口で楽しそうにお喋りしている子どもたちの姿を見ました。みんな手話を使って、たくさん笑っていて」

　子どもたちの姿を目にしたときの感想を伝えると、髙城さんの表情が緩む。

「コロナの影響で二カ月休校になっていたんですが、きっとみんな、友達に会えなくて寂しかったと思うんです。休校が明けたときの生徒たちの勢いがすごくて。わたしたちは立場上『くっついちゃ駄目だよ』と言わなくちゃいけませんが、やっと友達に会えて、くっついてお喋りしたくなる気持ちは充分わかりました。生徒たちにとって、ここが大切な居場所のひとつになっているのではないかと思います」

〈ここでの関係の濃さは理解できます。わたしも同級生や先輩後輩たちとはいまだにつながっていますし、集まることも多い。ここに通っていた人たちとは切っても切れない関係が築けています〉

そう話す中村さんは、とてもうれしそうな顔をしてみせた。その表情と母が重なる。ろう学校時代のことを話す母は、いつだって楽しそうだ。手話という言語と仲間の獲得は、母にとってとても大きな意味を持つのだろう。

「喋りたいときに喋れる相手がいる。それは非常に重要でしょうね」

そう伝えると、中村さんが頷く。

〈そう、勉強も大切ですが、それだけではなくて〝仲間を作れること〟に意味があるんだと思います〉

学校では卒業後の〝可能性〟を増やすことにも力を入れているという。

「昔は『社会に出て即戦力となれるように、手に職をつける』という考え方が強かったので、高等部を卒業した後に専攻科へ進み、そこで専門的な技術を身につける人が多かったみたいです。それこそ五十嵐さんのご両親の時代ですね。そうやって専門技術を身につけた後は、地元に戻って就職をする。ただ、最近では大学進学も視野に入れるようになってきました。体育系の大学に合格した生徒もいますし、管理栄養士を目指して栄養学を学ぶ大学に入った生徒もいます。昔に比べると、聴こえない子たちの将来が広がってきているんです。だから学校としても、今後は普通科を設立して、大学進学を目指す生徒たちを応援していきたいと考えています。少しでも可能性を広げ、選択肢を増やす。そのための力になっていきたいですね」

高城さん、中村さんへのインタビューを終える頃には、窓の向こうが真っ暗になっていた。時刻はまだ十七時半だったけれど、東北の夜は闇が深い。

来客用の出入り口まで見送ってくれたふたりに頭を下げると、足元もあまり見えないなか、足早に駅へ向かった。

帰宅したのは二十時近く。途中で経由した仙台駅で牛タンを購入したので、それを三人で焼きながら話す。スマホで撮影した校内の写真を見せると、父も母も懐かしそうに目を細める。時折、なにかを思い出したように話し出すが、興奮しているのかいつもよりも手の動きが速くて、会話についていけない。でも、昔話で盛り上がっているのだろうと、そっとしておいた。

　そういえば、と思い立ち、母の恩師である大沼直紀さんの名前をスマホで検索する。検索結果に近影（きんえい）が表示される。穏やかそうな表情を浮かべた男性だ。

〈大沼先生って、この人だよね？〉

　画面を見せると、母は目を丸くした。

〈そうそう！　大沼先生だ！　懐かしいなぁ……〉

　父も一緒に画面を覗き込み、またふたりは手話で話し出した。

　まるで少年少女に戻ってしまったみたいなふたりのことを、ぼくは黙って見つめていた。

第四章　母の恩師

大人になってから一度も、ぼくは「同窓会」というものに参加したことがない。何度かそういった誘いはあったものの、返信すらしていないうちに、やがて誘われることもなくなってしまった。後悔はしていない。

学生の頃のぼくは、周囲の人たちと距離を縮めようとはしないタイプだった。クラスメイトに対してだけではない。それは教師に対しても同様で、悩みの相談なんてできなかったし、日常会話だって避けていた。名前を覚えてもらわなくたって構わなかった。教室の風景に同化しているくらいの存在でいることが最善だと思っていた。

踏み込めば、踏み込まれる。それが怖かったのだ。

だからぼくには、「恩師」と呼べる存在なんていない。

思い出と後悔

母が「大沼先生」のことをとても懐かしそうに、かつ親愛の情を込めるように話す姿を見て、会ってみたい、と思った。何十年経っても覚えている人がいる。そんな出会いがあった人生は、とても豊かだろう。

母曰く、大沼先生は〈手話もできたし、口をはっきり開けて喋ってくれるから、なにを言っているのかよくわかったんだよ〉。当時は一九六〇年代の後半、口話法一辺倒でろう教育の現場から手話が排斥されてきた時代を経て、手話の重要性が少しずつ訴えられはじめた頃だ。

大沼先生とコミュニケーションを重ねたことで、母は他の聴者――つまり聴こえる家族ともちゃんと会話できるようになっていった。

〈その頃くらいから、お姉ちゃんたちとも喧嘩するようになったの。それまでは大人しくしていたんじゃなくて、みんなの言っていることがわからなかっただけなんだよ。意味がわかるようになって、自分の気持ちも伝えられるようになった。そうすると喧嘩も増えていく〉

それとね、と母は続ける。大沼先生との思い出がたくさんあるらしく、喋る手を止めない。

〈中学一年生の夏休み、大沼先生が家庭訪問に来てくれた。駅まで迎えに行ったら、わたしを一目見て、『さえちゃん、真っ黒に焼けたね！　プール？　海に行ったの？　楽しそうだね』って言うの。でも、そんなところには行ってなくて、ただわたしの肌がちょっと黒かっただけなんだよ。だから『違うよ！　元々、ちょっと黒いの！』って怒ったら、そんなわたしを見て、『ごめん、ごめんね』って笑ってた〉

なんてことないエピソードかもしれないけれど、母はとてもうれしそうに当時のことを話す。そういったささやかなコミュニケーションすら楽しかったのかもしれない。

〈学校の行事で鳴子（なるこ）へキャンプに行ったこともあってね。夜、みんなでキャンプファイヤーをしたんだよ。そのとき、ひとつ年下の子と一緒になって、みんなの前で適当なダンスを踊ってみせたら、大沼先生が『さえちゃん、すごく上手だね！』って褒めてくれて。照れくさかったけど、うれしかった。でもね、他の子たちはみんなびっくりして、ポカーンとしていたのが面白かった。わたし、おっちょこちょいだったから〉

母の手話は当時の情景を鮮やかによみがえらせる。

目の前に、得意げにダンスをする少女と、それを見守る男性教師、そして驚いている子どもたちの姿が浮かんだ。それが面白くて、ぼくも母と一緒になって腹を抱えて笑ってしまった。こうして映像をありありと表現できるのは、視覚言語である手話の特性のひとつだ。

高等部に上がってからは大沼先生と離れ離れになってしまったが、それでも校内で見かけると、大沼先生はしょっちゅう話しかけてくれたという。いつまでも母のことを気にかけてくれていたのだ。

〈滅多に子どものことを叱らない、本当にやさしい先生だったの。でもね……〉

そこで母は言葉に詰まってしまう。

〈わたしが浩二くんと駆け落ちしたことは知っているでしょう?〉

〈うん。でも二十歳を過ぎてからだと思ってた。高校生の頃なんだよね?〉

〈そう、高校三年生の頃。結局失敗して、周りの人たちにも全部バレちゃって。でも学校には戻る気になれなかったから、『辞めます』って伝えたの。退学したい、ってこと。そうしたら学校から『もう少しで卒業だったんだから、卒業証書だけでも受け取ってほしい』って連絡があってね。わたしはそれすらもいらないって思ってたけど、お父さんからもお母さんからも『せっかくだし、もらっておいたら?』って説得されて、卒業式が終わるタイミングでこっそり学校に行ったんだよ〉

奈江子とともに学校を訪れた冴子は、そのまま校長室に案内された。そこでたったひとりだけの卒業式が行われたのだ。卒業証書を受け取ると、自らの行動で周囲を騒がせてしまったことを謝罪した。

その帰り道、冴子の目に映ったのは大沼先生の姿だった。廊下の向こうからゆっくり歩いてくる大沼先生を見つけた冴子は、そのまま目をそらしてしまった。

〈自分のしたことが恥ずかしくて、大沼先生に合わせる顔がなかった……。黙ったまま俯(うつむ)いて、そのまま帰ったの。それっきり大沼先生には会えていないけど、ずっと忘れられずにいたんだよ〉

卒業式に出席しなかったこと、そして大沼先生にお礼を伝えられなかったこと。それを話しながら、目の前で母は泣いた。

母が泣き止むのを待ってから、ぼくは伝えた。

〈あのね、もしかすると大沼先生に直接会って、昔の話が訊けるかもしれないんだ〉

母は目を丸くする。息子が自分の恩師に取材をするだなんて、想像もしなかったことなのだろう。

〈もしも会えたら、ありがとうございましたってお礼を伝えてくれる?〉

もちろんだよ、とぼくは深く頷いた。

恩人

「大沼先生につないでいただけませんか?」

ぼくの勝手なお願いを、宮城県立聴覚支援学校の校長を務める樋口さんは快く引き受けてくれた。依頼状を預けながら、ぼくは半ば興奮していた。

もしかすると、母がいまだに忘れられないという人に会えるかもしれない。それはろう学校時代の冴子を知る、つまり彼女が「ぼくの母」になる前のことを知る貴重な手掛かりになるだろう。それに、長年、母が伝えられずにいた言葉を届けることもできる。

ありがとうございました、と――。

それは二〇二一年の暮れだった。一通のメールが届いた。大沼先生からだった。

「昔のことで覚えていないことが多いのですが、できるだけ協力したいと思います」

本当に、大沼先生が取材を受けてくれることになった！　忙しいはずなのに、わざわざ時間を作ってくれるという。

最大限の感謝の気持ちを伝えつつ、ぼくは大沼先生とのやり取りを重ねていった。

そして年明けのある日、ついに大沼先生に会うときを迎えた。

場所は神保町（じんぼうちょう）にある、「電話リレーサービス」の本部が入っているビルだ。この電話リレーサービスとは、聴覚や発話に困難のある人が、通訳オペレーターを介して、聴こえる人と即時双方向的につながることを可能にしたサービスのこと。八十代を迎えた大沼先生はそこでいまも精力的に、理事長を務めているという。

それだけではない。大沼先生は医学博士でもあり、過去にはワシントン大学の医学部付属中央聾研究所で研修員として学び、ろう者や盲者を対象とした国立大学である筑波（つくば）技術大学の初代学長を務めた、その世界では知らない人はいない存在だった。

樋口さんが「叶うならば、わたしも大沼先生に教わってみたかったくらいです」と言っていたのも頷ける。

これまで何人もの教え子と出会い、別れてきただろう。そんな大沼先生が、どこまで母のことを覚えているのか。期待と不安が綯い交ぜになった状態で、ぼくは大沼先生の元へと向かった。

現場には一時間以上も早く到着してしまった。仕方なく、近くのカフェで時間を潰すことにする。事前に用意してきた質問事項を確認するも、あまり意味がないかもしれない、と思い直す。

今回はこれまでのインタビュー以上にどんな話をどこまでしてもらえるのか、まったく予測がつかない。だとすれば、まずは宮城県立聴覚支援学校のことをフックに、大沼先生の思い出を訊くことに努めよう。その過程で、母との思い出がよみがえってくるかもしれない。

時間になり、約束の場所へと向かう。ミーティングスペースに通され、そわそわしながら待っていると、豊かな白髪(はくはつ)と柔和(にゅうわ)な表情が印象的な男性がゆっくりやって来た。

「五十嵐さん?　お待たせしてすみません」

大沼先生だった。〈とてもやさしい人だった〉という母の言葉通り、穏やかそうだ。

「とんでもないです。こちらこそ、お忙しいところ申し訳ありません。あの……」

言葉に詰まってしまう。伝えたいことはたくさんあるのに、胸の内がぐちゃぐちゃになって、なにを言うべきかわからない。「座ってください」と促され、出してもらったお茶を一口飲むと、ぼくはあらためて口を開いた。

「大沼先生、本日はありがとうございます。大沼先生は――母の恩人です。そんな方にお会いしてお話を聞けることがうれしいです。本当に本当にありがとうございます」

必死に話すぼくを見て、大沼先生はやさしく笑いかけてくれた。そうしてインタビューがはじまった。

「中途半端な時代」

まずは母の生い立ちを伝える。小学校を卒業するまでは地元の学校に通っていたこと、中学生になるタイミングでろう学校に切り替えたこと、家庭内には手話がなかったこと――。

ぼくの話に耳を傾けながら、時折、大沼先生は頷いた。そして口を開く。

「五十嵐さんのお母さん――ここではさえちゃんと呼びますね。さえちゃんがろう学校に通っていた七〇年前後のろう教育の世界は、一番中途半端な時代でした。日本中のろう教育の現場が、どうしたらいいのかわからない状態に陥っていたんです。目の前にいる子どもに対して精一杯のことはしているんだけど、ろう教育の専門性をすべての教師が持っていたわけじゃない。そもそも手話というものをどう捉えていいのかもわからず、ましてやそれが教育にどう関わるのかもわからなかった。でも、手話ができないと子どもたちとコミュニケーションが取れないでしょう？　だからわたしたちも、子どもたちから手話を教わって、少しずつ習得していったんです」

当時、国語教師だった大沼先生が力を入れていたのは、ろうの子どもたちの「語彙(ごい)」を増やすことだった。未習得語彙について理解してもらうため、手探りでさまざまな教育法を試した。

「でも、新しい語句を教えることに難儀(なんぎ)しました。辞書を引いても、うまく理解できない。たとえるならば、知らない英単語について英英辞典で引いているイメージです。そこでわたしは、イメージを使って伝える方法を試しました。教えたい語句の周りに、類語をたくさん書いてちりばめるんです。すると子どもたちは『あ、この言葉は知ってる！　この言葉と似ているんだ！』と意味を摑んでいける。そうやってひとつずつ教え、語彙を増やしていくことに時間を費やしました」

語彙を増やしていけば、文章力もつくはずだ。大沼先生はそう考えた。

「でも、単語の意味だけに焦点を当てていては、文章全体の理解に辿り着けないんです。いくら指導しても結果が出ず、無力感を覚えることの連続でした」

聴覚活用の限界

やがて大沼先生は、言語概念を獲得するためには早期教育をする必要があるのではないか、と思い至った。学校側に相談し、幼稚部に移った。そこで三歳から五歳の子どもたちの教育に携(たずさ)わるようになっていった。

「幼いうちから教育することでより早く言語概念を獲得できるし、コミュニケーション能力も高まるという実感が得られました」

しかし、指導した幼稚部の子たちが小学部に進学すると、そこからの伸びが見られなかった。あれだけ言語教育したのに、どうして――。

納得できなかった大沼先生は、今度は幼稚部以前、〇歳から二歳までの期間に鍵があると考え、その年齢での教育にも熱を込めていくようになる。

「お母さんたちと一緒にその年齢のろう児を指導する教室を作りました。東北各県から母子がやって来て、毎日のように賑やかだったことを覚えています。でも乳幼児教育のモデルもマニュアルもなかったから、東京の『母と子の教室』で早期教育の実践研究をしていた金山千代子先生に会いに行っては教えを請うて、それを持ち帰ってくる。そんな日々でしたよ」

取り入れていたのは、耳から言語を習得させる方法だった。補聴器をつけさせ、残っている聴覚を活用する。しかし、それが本当に正しい方法なのか、疑問が徐々に芽を出した。

「まだ幼い子の柔らかな耳に補聴器を装着するための耳型を採取するのはハラハラするし、出力が強すぎてかえって難聴を進行させるんじゃないかという不安もありました。そもそも、補聴器をつけて聴覚を活用するやり方では対応できないほど重度な難聴の子もいる。そういう子たちに対しても聴覚を活用させるのは、かつての口話法、無理やりな発話指導と同じなのではないか、と思うようになっていきました。視覚コミュニケーションのほうが楽なのに、どうして無理してまで耳を使わなければいけないのだろう、と」

同時に痛感したのは、手話の表現力の豊かさだった。

「子どもたちを見ていると、手話を使って、驚くくらいの情報をやり取りしているわけです。

お昼休みになると、みんなが楽しそうに手話でお喋りしている。そこに教師は入れないくらい。聴こえない子どもたちには、それくらい視覚コミュニケーションのほうが楽だし、自然だったんですよね。でも、授業がはじまると、教師たちは口話で進めてしまう。いま思えば、ろう教育界のなかでずいぶんと的（まと）はずれなことをやっていた時代が長かったんです」

真っ向からの否定

そしてあるとき、それまでやってきたことを〝全否定〟されるような出来事が起こった。

「その頃のわたしは、ろう学校での経験をもとに、〝聴覚活用〟の効果について全国で講演するようなっていました。思い返せば、わたしもいい気になっていたんでしょうね。それは福島で開催された『全日本聾教育研究大会』という非常に大きな研究会でのことです」

そこにいたのは、大沼先生がかつて乳幼児指導をした子の保護者だった。彼らは大沼先生に鋭い言葉を投げかけた。

――あの頃、子どもに一生懸命、聴覚活用の指導を行っていたけれど、それは本当に正しかったんでしょうか？

聴こえない我が子も努力すれば、きっと話せるようになる。そう信じてきたのに、そうはならなかった。その現実から聴覚活用に疑問を抱きはじめた保護者たちは、それまでの大沼先生の教育法を真っ向から否定したという。

「保護者の方々が疑問を抱くのも当然でした。たとえば、聴こえない子どもが外で声を出すと、奇異の目を向けられる。最初は仕方ない。それでも続けていくうちに成果が出るからと指導してきたわけだけども、子どものほうが段々と『自分が声を出すと変に思われてしまうんだ……』と喋らなくなってしまうんです。すると保護者も、『あんなに頑張ったのに、世のなかには認められないんだ。あの努力はなんだったんだ』と苦しむようになる。同時に、手話を使えば言いたいこともスムーズに伝わるし、ストレスもなくなることに気づくんです」

聴覚活用の限界に気づいた保護者たちは、これからのろう教育における聴能訓練の廃止を訴えかけた。加えて、「ろう学校にはろう者の教師を配置すべきだ」という主張も投げかけられた。それは大沼先生にとって青天（せいてん）の霹靂（へきれき）のような主張だった。

「昔からよく知る保護者たちだったので、わたしのことを信頼してくれていると思っていたんです。でも彼らから、『大沼先生のように聴覚活用を推し進める教師は、これからのろう学校には必要ありません』と言われてしまった。あんなに一生懸命やってきたのに、どうしてだろう……。非常にショックで唖然としました。そのときはまだ、自分は正しいことをしてきたと思い込んでいましたからね」

それを機に、大沼先生はろう文化について一から学ぶようになっていった。

そこで出合ったのが「ろう文化宣言」だ。

これは一九九五年の『現代思想』に掲載された、寄稿文である。寄稿したのはろう者である木村晴美と、手話言語学者の市田泰弘の二名。そこには次のような一文が綴られた。

――ろう者とは、日本手話という、日本語とは異なる言語を話す、言語的少数者である。

彼らは高らかに宣言したのだ。そう捉え直すならば、彼らに音声言語を強いるのは非常に暴力的なことであり、そこにある文化や人権までも侵害することにつながる。

その宣言に触れた大沼先生は、自身を批判した保護者たちの訴えを理解するようになった。

「耳を使えばコミュニケーションが取れるようになる、という考え方が誤りだったことに気づきました。その後もさまざまなことがありましたけど、いまこうして電話リレーサービスの理事長を務めたり、手話のカリキュラム改定の委員長をやったりしているのは、必然だったのかもしれません。かつては聴覚活用を重視していたわたしが、いまでは手話を重んじている。こうなれたのは、あのときわたしのことを否定してくれた保護者たちのおかげであるとも感じています」

〃適切な教育〃とは

地元の小学校に進学した冴子は音声日本語で進められる授業を理解することができず、結果として、言葉の習得も遅れてしまった。ろう学校に入ってからは特別なクラスに振り分けられ、授業の遅れを取り戻すような指導を受けることになった。

当時、冴子のように途中からろう学校に入ってくる子どもは少なくなかった。そして、そういった子たちを目の当たりにしたことが、大沼先生を早期教育の必要性へと駆り立てたという。

「聴こえない子たちは、どうしても通常学級での授業についていけなくなってしまう。それに気づいて後からろう学校に入っても、相当な遅れがあるんです。わたしが指導していた子のなかにも、日本語の文章がうまく理解できない子がいました。計算式なら解けるのに、文章題になるとわからなくなってしまう。たとえば、『8÷4』は計算できるのに、『八個のリンゴを四人で分けると、ひとり何個になるでしょう?』と文章で問われるとわからないんです」

それを避けるためには、やはり早期から適切な教育をする必要がある。当時の大沼先生はそう考え、乳幼児への聴覚活用へと踏み切った。

しかし、「手話」の重要性を理解したいまは、ろうの子どもたちには一日でも早く「手話」という言語に触れさせるべきと考えている。

「わたしが指導していたなかで日本語の理解が遅かった子たちも、もしも幼いうちにろう学校に入り、手話で概念を伝えたり考えさせたりする教師と出会えていれば、また違ったのかもしれません。それは、さえちゃんを見て感じたことです。もっと早くに適切な教育があれば、この子はこんなに苦労することもなかったのに、と。そしていまでは、その〝適切な教育〟とは、手話を活用するものだとわかっているんですけどね」

銀三と奈江子の判断によって、冴子は通常学級へと進学することになった。

大沼先生の話を聞きながらぼくは、祖父母の顔を思い浮かべていた。

佐知子や由美へのインタビューを通して、ふたりが母を愛していたことはわかった。それでも、母を通常学級へ進学させたことは間違いだったのではないかと思ってしまう。それは「聴こえる子になってほしい」というふたりのエゴだったのではないか、と。どんなに冷静でいようと思っても、そうして下された判断を肯定することなんてぼくにはできない。そのせいで母は、誰ともコミュニケーションが取れない時間を過ごしたのだ。

「そもそも七〇年代には、『聴覚障害を治す』という治療が中国のほうで流行っていたんです」

当時の中国では伝音性難聴と感音性難聴の違いすら明確ではなかった。伝音性難聴とは外耳や中耳が正常に機能しなくなり、音が聴こえづらくなる難聴のこと。補聴器などで音を大きくすれば聴こえるようになる。一方で感音性難聴は内耳やさらに奥にある中枢神経系の障害によって起こる難聴のことで、補聴器を使用しても聴力を補うのは難しいとされる。ぼくの母は感音性難聴にあたる。

「その違いさえもわからないまま、中国では、耳に鍼を打てば治ると考えられていました。それを聞いた日本人がお金を貯めて、治療を受けるためにわざわざ中国まで渡るという時代だったんです。皆、一縷の望みにかけていたんでしょうね。わたしたちが『そんなことをしても治るものではないんですよ』と言っても、聞く耳を持たれませんでした。耳が良くなれば、治りさえすれば……といった考えが根強くあって、ろうのままで生きるとは考えられなかったのかもしれません。だから当時のろう学校の教師や耳鼻科医たちは、聴こえない子たちがどうやって聴覚を活用できるようになるのか、に尽力していたんです。頑張れば聴こえるようになる、電話もできるようになる、と。そして、そんな期待を胸に、五十嵐さんのおじいさん、おばあさんも〝治ること〟に賭けていたんだと思いますよ」

　時代のせい、と言ってしまえばそれまでだ。たしかにいまと比べれば、当時ははるかに情報が少なかった。誤った認識により、誤った選択をするのも仕方なかったのかもしれない。

「当時は非常に曖昧な時代でした。わたしを含め、ろう学校の先生たちですら、聴こえない子どもたちにどんな教育をしていけばいいのか模索していたんです。〝手話〟を尊重して、聴こえない子たちのコミュニケーションについて考えた人というのは、数えるくらいしかいなかったと思います」

　言いながら、大沼先生は申し訳なさそうな表情を浮かべた。模索するなかで失敗もあった。それを悔いているように見えた。

　でも、大沼先生との出会いが母に光をもたらしたことはたしかだ。

大沼先生と出会ったことで、母はコミュニケーションを取る楽しさを知った。大沼先生とさまざまな話をすることで、他者との間に言葉が介在していることを知り、母の世界は拓けていったのだ。

「そんな風に言ってもらえるとありがたいです。ただ、当時のわたしは、目の前にあるコミュニケーションのバリアを取り払いたい一心で、だから聴こえない子どもたちと手話混じりで話していただけなんですよ。でも、さえちゃんにはそうやって接してくれる人がいなかった、ということなんだろうね……」

目の前にあるバリアを取り払う。それこそがコミュニケーションの本質ではないだろうか。それを自然にわかっている人だったからこそ、母は大沼先生のことを慕ったのかもしれない。

「さえちゃんたちのおかげ」

「五十嵐さんからご連絡をいただいた日の夜、どうしても眠れなかったんです。当時のことを思い出してしまってね。なかには思い出せない子もいるんだけど、さえちゃんのことはすごく覚えていて。わたしについて回ったり、頼りにしたりしてくれているのがよく伝わってきたから、いろんなことを教えてあげたくなるような子でしたよ。どうにかしてあげたい。さえちゃんを見ていて、早期教育してあげられたらよかったのに、とも思いました」

「この場合の早期教育とは、どういう意味ですか?」

ぼくの問いかけに対し、大沼先生ははっきりした口調で言った。

「もっと早期から『放ったらかしにしない』ということです。当時は〝手真似〟と言われていたけれど、世間にどう思われようと手話を使って、幼い頃から人との接点を作って、さえちゃんの言いたいこと、知りたいことが通じる環境を用意してほしかった。もちろん、五十嵐さんのおじいさん、おばあさんの『さえちゃんを聴こえる子にしないといけない』という義務感や後ろめたさはわかります。でもそれが結局、濃密なコミュニケーションから遠ざける、中途半端な子育てにつながったのではないか、とも思うんです」

通常学級に進学したことで母は、周囲の話がわからない時間を過ごしてしまった。もしも初等部からろう学校に通っていたら、クラスメイトたちとのやり取りで、もっと早く手話を身につけられただろう。そうしたら、母の人生はまた違っていたかもしれない。

母は繰り返すように言った。

〈手話ができるようになって、お喋りすることの楽しさを知ったの〉

その言葉が意味するのはつまり、手話と出合うまでの十二年間はとても孤独だったということではないか。

つい暗くなってしまうぼくに対し、大沼先生は明るい声で話す。

「でもね、ろう学校で会うさえちゃんはいつも明るくて、暗い印象は微塵もなかったんですよ。教科書を理解することができないという教育上の課題はあったけれど、とにかく明るくて。それまで通っていた小学校や家庭のなかでどれだけディスコミュニケーションだったのか、どれくらい孤独だったのか。当時はそれが見えていなかった。それでもあんなに明るい笑顔を見せてくれていたということは、さえちゃんにとってろう学校が本当に楽しい場所だったのかもしれません」

友達と仙台で遊んだり、後に結婚する浩二と出会ったりと、ろう学校に入ってからの冴子には宝物のような時間がたくさん訪れた。そして大沼先生という恩師との出会いも、そのひとつだった。

だから母は、いまだに大沼先生に感謝している。

した」

「大沼先生のことが忘れられなくて、ありがとうございますと伝えてほしい、と言っていま

「わたしなんてなにもしていないのに……。こちらこそ、ありがとうございます。若かった

あの頃、わたしを教師として成長させてくれたのは、さえちゃんをはじめとする、ろう学校

で出会った子どもたちです。こんなに素直な子たちが幼少期に言語を奪われることで、コミュ

ニケーションの機会を失ってしまう。それではいけないんだと気づかせてくれたのは、間違

いなくさえちゃんのように育てられた子たちを目の当たりにしたからです。だからわたしは、

早期教育の重要性を考えるようになった。お礼を言うとしたら、わたしのほうなんですよ」

インタビューの最中、大沼先生は何度も「探り探り教育する時代だったんです」と口にし

た。その過程では失敗や後悔があったことも、包み隠さず話してくれた。

いまよりも、もっともっと、ろう者のことを正しく理解できていない時代。そんななかで

大沼先生は、それでもろう者のためにと思い、尽力してきたのだ。その熱意は、たしかに伝

わっていた。それは母が証明している。

〈他の先生のことはほとんど覚えていないのに、大沼先生のことだけはいまでも覚えている

の〉――。それくらい母にとって、大沼先生の存在は大きかったのだ。

大沼先生と会った日の夜、早くそのことを報告したかったぼくは、父のスマホにビデオ通話をかけた。しばらくすると画面の向こうに父と母が映る。

〈どうしたの？　元気？〉

〈今日、大沼先生に会ってきたよ〉

母は父と顔を見合わせながら、驚いている。

〈今日だったの！　どうだった？　大沼先生、元気だった？〉

矢継ぎ早に質問を投げかけてくる母を制しながら、大沼先生と話したことについて、一つひとつ報告した。

ろう学校の教師として落ち込む瞬間があったこと、それをバネにあらためてろう教育について真摯に取り組みはじめたこと、そして、母と過ごした日々をいまでも覚えていること。

一通り話し終えた後、ぼくはそっと付け足した。

〈大沼先生が、ありがとうって言ってたよ。自分が教師として成長できたのは、お母さんたちのおかげだって〉

眩しいものを見つめるときのように母は目を細め、ぼくの話に頷いた。いまにも泣き出しそうに見えたけれど、悲しそうではなかった。むしろなんだか満ち足りたようですらあった。

通話を終え、この日の取材についてまとめながらぼくは、未来について夢想する。

いつか、そう遠くないいつの日か、母と大沼先生が直接対面できたらいいな、と。そしてそのときは、ぼくの口を介した「ありがとうございました」ではなく、母が自らの手話で〈ありがとうございました〉と大沼先生に伝えるのだ。

そんな温かい光景を、ぼくは思い浮かべていた。

第五章　父との結婚

認知症の進行とともに、祖母はやたらと昔話ばかりするようになっていった。その頃、すでに東京で暮らしていたぼくには、祖母と交流する機会がほとんどなかった。いや、意図的に避けていたというほうが正確かもしれない。

電話をかけても会話が成り立たないことが増え、実際に会えば、ぼくを「自分の弟」だと思い込む。あんなに溌剌としていた祖母の変貌ぶりに驚き、落胆した。

そんな祖母と久しぶりに向き合い、対話を重ねたのは、父がくも膜下出血で倒れてしまったときのことだ。当時、編集プロダクションに在籍するひとりのライターだったぼくは、上司のはからいもあって、しばらく実家に滞在することになった。母は入院している父にかかりっきりになる。その間、実家には祖母がひとりきり。せめてその間はぼくが側にいたほうがいいのではないか、と上司は考えてくれたらしい。

しかし、祖母はなにか特別なケアを必要としているわけでもなかった。ごはんは自分で食べられるし、入浴もひとりで済ませられる。日中は居間でテレビを眺めては、時折、静かに昼寝をしている。数日間ともに過ごしてみて、杞憂だったことに気づいたものの、とりあえずぼくは、父の退院の目処が立つまでは実家に留まることにした。

　昼間、居間で仕事をしていると、なにかを思い出したかのように祖母は昔話をはじめる。大抵は何度も聞いたことのある内容で、適当な返事をしながら、ぼくは仕事に集中していた。でもあるとき、祖母が語った過去の話が、ぼくの意識を捉えて離さなくなった。そのとき語った内容こそが、母と父の駆け落ちについてだ。

　一体どこまで本当なのか。あらためて祖母に確認することもできないまま、彼女はこの世を去ってしまった。


　由美は言っていた。

「さえちゃんはね、ずっと浩二くんに憧れてたんだって！　その頃、浩二くんは陸上部の選手で足が速くて、みんなから『三浦友和に似てる！』って騒がれていたんだよ。人気者だったみたいね。でも、さえちゃんの思いが届いて、高校生のふたりは付き合うようになるの。そして卒業する前に――駆け落ちした」

　母の駆け落ちについて祖母から聞かされたぼくは、それを「二十歳を迎えたふたりの出来事」だと思い込んでいた。でも実際はそれ以前、母は高校三年生の頃にすべてを投げ捨て、父と逃げようとしたのだ。年齢によって覚悟の重さが変わるとは思わないけれど、それでも、高校生で駆け落ちに踏み切るのには相当な覚悟が必要だったのではないだろうか。

当時、なにがあったのか。ぼくは母に訊いてみることにした。訊かなければいけない、とも思った。

駆け落ちしたときのことを知りたい。そう伝えたときの母は、こちらが狼狽(うろた)えてしまうくらいあっけらかんとしていた。

〈いいよ〉

少し構えているぼくに対して、母は父と交際することになったときまで振り返り、ゆっくり話してくれた。

憧れの人

冴子が浩二の存在を知ったのは、高等部に進学してからだった。陸上部の選手だった浩二は誰よりも足が速く、人気者だった。そんな浩二に、冴子は一目惚(ひとめぼ)れをした。

〈友達になってくださいって、わたしから言ったの。初めてのデートではボウリングに行ったんだよ。その帰り道、喫茶店に入ってコーヒーを飲んだんだけど、そこで面白いことがあってね〉

憧れの人とふたりきりでデートをしている。せっかくのチャンスなのだから、自分を魅力的に見せなければいけない。そう考えた冴子は、浩二のコーヒーに砂糖を入れてあげようとした。気が利く女性であることを演出しようとしたのだ。

ところがあまりの緊張からか、スプーンを持つ手が震える。震えのあまり、砂糖を盛大にこぼしてしまった。顔を真っ赤にしながら、後始末をする。ふと見上げると、その様子を見て浩二は笑っていた。

〈あのときは本当に恥ずかしかった。でも、浩二くんが一緒になって笑ってくれたから、楽しかった思い出になってる〉

正式に交際をスタートさせると、ろう学校内でも一緒に過ごすようになった。お昼ごはんを食べ終えると、一目散（いちもくさん）に浩二のもとへ向かう。待ち合わせ場所はグラウンドの端っこ。そこに腰掛け、昼休みが終わるまでお喋りで盛り上がる。浩二は手話がとても上手く、それもまた、好意を加速させる一因となった。

同級生たちにからかわれることもあった。なかには浩二のことをあまり良く思わない女子生徒もいたという。それは彼が〈モテる〉からだった。

〈浩二くんには仲のいい女の子がたくさんいたの。だから友達から、『あの人、モテるからやめておいたほうがいいよ』って忠告されることもあった。一度、もう一緒には遊びに行かないってはっきり言ってみたの。そうしたら浩二くんが怒っちゃってね。『他の子とはただお喋りしているだけで、付き合っているのは君だけなんだから!』って。そこまで言ってくれるなら、と思って、交際を続けた〉

ふたりで映画館にもよく足を運んだ。その頃、浩二が夢中だったのはブルース・リーが出演するアクション映画だ。冴子の好みではなかったものの、映画館で〈これが観たい!〉と目を輝かせる浩二を見て、黙って付き合ったという。それでも字幕が表示されるため、冴子にとってもそういった外国の映画を観るのは非常に新鮮な体験だった。

しかし一方で、浩二は邦画にも興味を示した。特に好んだのは、『男はつらいよ』だ。字幕はなかったため、冴子には内容がわからない。それは浩二も同じだったはずだけれど、隣に座っている浩二はとにかく楽しそうだった。その顔が見られるならば、映画の内容が理解できないことなんてどうでも良かった。

両親への紹介

順調に交際を重ね、高校二年生の冬には、浩二を実家に連れて行った。突然のことだったため家には銀三しかいなかった。

交際相手として紹介すると銀三は驚いていたものの、どこからか紙とペンを持ってきて、浩二と筆談をはじめた。

――いま、ろう学校でなにを学んでいるの？

――木工の勉強をしています。

他愛（たあい）のない内容の会話だったけれど、交際相手を温かく迎えてくれた銀三の姿に感動して、冴子はふたりのやり取りをただ見守っていた。その後、奈江子も帰宅すると、彼女もまた銀三と同じように、浩二と筆談を重ねた。彼がろう学校で木工家具を作っていることを知った奈江子は相当感銘を受けたようで、それを褒め称（たた）えるためにわざわざろう学校まで電話をかけたという。銀三と奈江子が自分たちのことを受け入れてくれたことはとてもうれしかったものの、予想以上のはしゃぎっぷりに、冴子は恥ずかしさも覚えた。それ以来、浩二はしょっちゅう遊びに来るようになった。彼が来ると奈江子は張り切って台所に立ち、手料理をたくさん振る舞った。みんなでそれを囲み、同じごはんを食べる。それがなによりも楽しかった。

冴子が高校三年生に上がると、ひとつ学年が上の浩二はろう学校のなかに設けられていた専攻科に進学した。そこで木工の勉強を続け、将来は家具職人になりたいという。同時に工場でのアルバイトもはじめ、少しずつ社会に出ていくための準備を整えはじめた。

浩二は忙しくなってしまったようで、高等部にいた頃に比べるとデートの回数は減ってしまった。寂しさのあまり、突然会いたくなることもあった。でも、冴子は電話が使えない。いまから会いたい、と伝える手段がなかったため、そんな気持ちは押し殺した。

デートの約束をするのは、学校で会えたときだ。今度はどこに行こう。そうやって行き先を決めては、その日がやって来るのを心待ちにする。

一度だけ、約束をすっぽかされたこともある。

何時になっても浩二が姿を現さない。浩二の実家に電話をかけることもできなかった冴子は、その場で何時間も待ち続けた。ついに待ちくたびれて帰宅すると、一部始終を奈江子に報告した。すると奈江子が浩二の実家に電話をかけてくれたという。

結果、浩二は約束をうっかり忘れていただけだった。何事もなかったことに安堵する一方で、自ら電話をかけることができない不便さも思い知ることになった。

高校時代の冴子の日々は、浩二が隣にいたことで煌めいていた。

しかし、すべてが順風満帆だったわけではない。その頃の冴子を悩ませていたのは、友達との関係だった。

仲良しの女子生徒が退学することになり、冴子はその子に贈り物をした。高校を辞めても、また会おう。ずっと友達でいよう。そんな思いを込めて。

後日、冴子は信じられないことを告げられる。

それは女子生徒が退学して間もない頃だった。ひとりの生徒が冴子のもとへやって来て、こう言ったのだ。

〈あの子、あなたの悪口をしょっちゅう言ってたんだよ。本当はあなたのことを嫌ってたんだから〉

それが本当なのか嘘なのかはわからない。でも、胸の奥底から湧いてくる疑念を抑えることはできず、やがてその女子生徒に会うことが怖くなってしまった。その子の家族経由で「さえちゃんに会いたいそうです」と何度も連絡をもらったけれど、すべて断った。以来、一度も会っていない。

〈中等部まではみんな仲良しで本当に楽しかったの。でも高等部に上がってからは小牛田分校［筆者注：小牛田とは宮城県北部に位置していた町のこと。現在は南郷町と合併し、美里町となっている］の生徒たちも合流することになって、そのなかには馬が合わない子もいた。悪口を言う人もいたし、嘘をつく人もいた。それで少しずつ学校が嫌になって、もう辞めてしまいたいって思うようになったのよ〉

退学を決めたのは高校三年生の一月。あと数カ月で卒業だったが、それを待つのも嫌だった。冴子は恐る恐る浩二に報告した。

〈高校、辞めようと思うの〉

すると浩二は、驚くような提案をしたという。

〈じゃあ、ぼくも辞めるよ。一緒に東京へ行って、向こうで暮らそうか〉

父の過去

高校を退学することを決めた冴子に、浩二は東京行きを提案した。

どうしてそんな思い切ったことを考えたのか。それには浩二の過去が関係している。

浩二は岩手県に生まれた。姉と兄がおり、三番目の末っ子だった浩二には、あまり可愛がられた記憶がない。

四歳の頃、結核を患った。高熱が出て、そのままでは命を落とすと宣告されるほど重症だった。そんな浩二を助けるために医師が提案したのは、一本の注射だった。それを打てば熱を下げられる。ただし、聴力を失うリスクが高い。そのとき、命と聴力が天秤にかけられた。

しかし、もちろん家族には選択肢などなかった。命が助かるのならば、それ以外に望むものなんてない。そうして注射を打たれた浩二は助かったものの、気づいたときには音を失っていた。昨日まで聴こえていたはずなのに、世界は無音になっていたのだ。

浩二は岩手にあるろう学校に入ることになった。自宅からは距離もあるため、寄宿舎で生活することになる。そこでの生活が楽しいものだったとは言い難い。

学校で待っていたのは、非常に厳しい口話訓練だ。自分の声が聴こえないなかで、何度も何度も練習させられる。目の前に垂らされた薄い紙、あるいはコップに貼られた水が動けば、ちゃんと声が出ていることになる。浩二は他の生徒たちと一緒になって、視覚に頼りながらも発声する練習に専念した。

寄宿舎に帰ってからものんびりはしていられない。家族と一緒に暮らしているわけではないから、身の回りのことはすべて自分でしなければいけない。最も嫌だったのは、冬場の洗濯だ。洗濯機など用意されていなかったため、桶に水を張り、手で洗わなければいけない。冷水に晒された手は赤くなり、しまいにはところどころ切れてしまう。それでも代わってくれる人なんていないのだから、一切、文句を言わなかった。

ろう学校に入ってから、母親は一度も会いに来なかった。運動会などの行事が催される際、他の生徒のもとには家族が駆けつける。でも、自分のもとには誰も来てくれなかった。

そんな浩二に対し、やさしかったろう学校の女性教師は「わたしが浩二くんのお母さんの代わりだからね」と何度も言ってくれたという。

中等部を卒業するのと同時に、家族は仙台へ引っ越すことになった。それにあわせて浩二も実家に戻り、進学先に決めたのが宮城のろう学校だった。

しかし、浩二に対し、周囲の人たちは「通常学級への進学」を勧めた。中途失聴者であること、そして厳しい口話訓練によってある程度は発声ができるようになったことを踏まえ、ろうの世界ではなく聴こえる世界で生きてみてはどうかと提案されたのだ。

でも浩二は、ろうの世界を選んだ。手話でコミュニケーションを取るほうが遥かに楽で、自分にとっては自然なことだったから。

そうやって進学したろう学校で出会ったのが、冴子だった。

冴子から高校を退学することを告げられたとき、浩二に迷いはなかった。いまの環境をすべて捨ててでも、ふたりで生きていきたいと思った。

実家には、浩二の居場所がなかった。姉と兄は手話を覚えなかったし、母親は浩二の貯金を黙って使い込んでいた。ろう学校の専攻科で勉強しながら、工場で働いて貯めたお金だ。

その頃を振り返って、父は言う。

〈家族との思い出がないんだよ〉

だからなのだろうか、と思った。

家族との思い出がない。だから——大好きな母と少しでも早く「家族」になりたかったのだろうか。母と家族になって新しい人生をはじめるのに、「東京行き」はうってつけのチャンスだったのかもしれない。

幸いなことに、東京で生活するためのあてはあった。向こうにいるろうの先輩が仕事を紹介してくれる算段になっていたのだ。浩二は冴子を連れて、東京へと向かった。

ところが、待ち合わせ場所に先輩が現れない。約束の時間を過ぎ、さらに待ち続けても一向に姿を見せない。困り果てた浩二は冴子と一緒にバスに乗り、先輩が働く会社を探した。でも見つけることはできなかった。途方に暮れてしまう。先輩頼みだったため泊まる場所もない。行き場をなくしたふたりは、結局、宮城に帰ることにした。でも黙って出てきているため、そのまま実家には戻れない。そこで浩二が頼ったのは、岩手県釜石市に住む伯母さんの家だった。

「一体どうしたの？」

冴子とふたりで落ち込む浩二を見て、伯母さんは大層心配してくれたという。家出をしたことを正直に話すと、伯母さんはふたりを家にあげてくれた。

夜更け過ぎ、冴子の家族が釜石市まで迎えに来た。銀三と奈江子だ。

銀三は口を真一文字に結びむっつりとしていたが、怒りを抑えているのがわかった。それを見た冴子は震えており、大粒の涙をこぼしながら謝っていた。奈江子はとても心配していた様子で、冴子が無事見つかったことにホッとしていた。

銀三と奈江子に連れられて、冴子は塩竈へと帰っていった。

浩二のもとには迎えがなく、そのまま伯母さんの家に泊まることになった。

そして翌日、浩二も仙台へと帰ることにした。

こうしてふたりの駆け落ちは失敗に終わった。

「いつもニコニコしていなさいって」

塩竈に戻ってきた冴子は、卒業式には出席しなかった。でもろう学校側からの厚意により、卒業証書をもらうことができた。

その後の冴子は、奈江子の勧めもあり、塩竈にある和裁の教室に通うことを決めた。しかし、そこも二年ほど通った後に辞めてしまう。それは冴子のなかに「自分でお金を稼げるようになりたい」という思いが芽生えたからだった。

〈早く自立したくて、お父さんに相談したの。そうしたら縫製（ほうせい）工場のお仕事を見つけてきてくれて。面接にも付き添ってくれて、わたしの耳が聴こえないことをちゃんと説明してくれたの。結局、そこで働けることになったんだよ〉

塩竈と仙台に工場があったが、冴子は地元である塩竈の工場に勤務することになった。その工場で働くろう者は、彼女ひとり。でも、そんなことを心配する必要なんてないくらい、同僚たちはみんなやさしかった。

〈ろう学校にいるときから、いつもニコニコしていなさいって教えられてた。そうすれば、聴こえる人たちはやさしくしてくれるからって〉

そう、母はいつだって笑っている。母が他者に向けて不満げな顔をしている瞬間を、ぼくはほとんど見たことがない。彼女はいつもやさしい微笑みを浮かべ、柔らかい空気を発する。だからだろうか、近所に住む聴者は母のことを気にかけ、やたらと声をかけてくれる。

母にとって笑うこととは、聴こえる世界で生きていくための術だったのかもしれない。

工場の同僚たちには率先（そっせん）して手話も教えてあげたという。そのうち、みんなが手話で挨拶してくれるようになり、それは母にとって非常に喜ばしいことだった。

一方で、なかには冴子に対してこんなことを言う人もいた。

「さえちゃん、勿体ないね。もしも耳が聴こえていたら、モデルさんにでもなれただろうに」

聴こえないことは、勿体ないことなのか——。

それでも冴子は〈ありがとう〉と笑顔を向けた。

駆け落ち騒動を起こし、双方の家には迷惑と心配をかけたが、それ以降も浩二との交際は順調だった。家具職人を目指していた浩二はそれを諦め、高校時代の同級生に誘われ、板金塗装の工場で塗装工として働くようになった。就職してから初めて塗装というものにチャレンジしたが、家具職人を目指すくらい手先が器用だった浩二はあっという間に技術を身につけていった。

交際期間が長くなれば、自然と「結婚」を意識するようになる。それは冴子も例外ではなかった。

でも、ふたりはそのままスムーズに結婚できたわけではない。周囲の人たちには、やはり一筋縄ではいかない感情があった。

ふたりの結婚に反対した人物がいた。浩二の母親だ。彼女は「もう息子には会わないでほしい」とまで言ったことがある。その言葉を受けて、奈江子は冴子に対し、「浩二くんと会うのはやめたほうがいいかもしれないね」と伝えた。

もちろん、冴子は猛反発した。どうしてそんなことを言われなければいけないのか。どうして交際を禁じられなければいけないのか。当時はその理由がわからなかった。

しかしいまになって、母はこう振り返る。

〈浩二くんのお母さんは、息子に聴こえるお嫁さんが欲しかったんだと思うよ。浩二くん、本当は耳が聴こえる人だったでしょう？　だから諦めきれなかったんだよ〉

中途失聴者である父に対し、母は先天性のろう者。もしかしたらその間には、差別的な隔(へだ)たりが存在していたのかもしれない。ふたりの交際に反対するということは、必然的に「聴者＞ろう者」という構図が浮かんでくる。

ぼくが子どもの頃、母は父の実家へあまり行きたがらなかったのをよく覚えている。年に何度か、母と父とぼくの三人で、仙台にある父の実家へ遊びに行っていた。けれどそのたび、母は居心地悪そうにしていた。当時のぼくはそれがどうしてなのか、想像もしなかった。嫁(よめ)

姑間には複雑な関係があることは知っていたため、きっとそんなものなのだろうと思っていた。

しかし、父の母親が「ろう者」に対して偏見や差別意識を持っていたとしたら――。

父の実家に滞在中、母は一体どんな風に笑っていたのだろう。

「善意」からの反対

奈江子は奈江子で、ふたりの結婚には複雑な思いを抱いていた。

奈江子は冴子に対し、「結婚するならば、絶対に耳の聴こえる人にしなさい」とよく言っていた。ろう者同士が結婚しても苦労するに違いないのだから、聴こえる人に助けてもらいなさい、と。

〈でもわたしは、結婚するなら同じろう者がいいと思ってた。わたしは聴こえる人の話すことがわからない。でもろう者同士だったら、手話でわかり合えるでしょう?〉

そんな考えに至ったのは、冴子の家族が誰も手話を身につけなかったことも関係しているかもしれない。

家族の誰も、自分の言語である手話を覚えてくれない。そんな状況では、わからないこと、理解できないことも少なくなかっただろう。それがいかに孤独感につながるのかは、もはや言うまでもない。

そういった経験をしてきたからこそ、結婚相手——つまり自分で作る「家族」にはろう者を求めたのも自然なことだと思う。

周囲からは「もしも聴こえない子どもが生まれたらどうするの?」と言われることも増えた。奈江子もそれを心配していたという。このままふたりが結婚し、ろうの子どもが生まれたらどうやって育てていくのか——。

浩二の姉からはこんなことも言われた。

「ふたりが結婚して、もしも子どもができたら、その子はわたしがもらって代わりに育てるから」

この言葉は冴子の心に暗い影を落とした。耳が聴こえないというだけで、自分の子どもを育てることも許されないのか……。

浩二の姉も奈江子も、あるいはその他の人たちも、誰ひとり、冴子を差別しようとしていたわけではないのかもしれない。そこにあったのは、「善意」からくる「心配」や「配慮」だったのかもしれない。

耳が聴こえないから、だから少しでも苦労しない生き方をしてもらいたい。そのためには、聴こえる人たちが当たり前のようにしていることを、我慢しなければいけないこともある。結婚相手が制限されることも、子どもを育てることを諦めることも、それが結局は冴子のためなのだ、という当事者を置き去りにした善意の発露（はっろ）。

でも、同じ言語を持ち、わかり合えるろう者と結婚したい。自分の子どもは自分で育てたい。やむを得ない事情があるわけではなく、ただ自分がろう者であるというだけで望む未来を奪われるなんて絶対に嫌だ。

一連の出来事を機に、冴子は決心した。

浩二と結婚し、どんなことがあっても自分の子どもは自分で育てる、と。

自分の人生を語るとき、母はあまりネガティブな言葉を使わない。

しかしこのときばかりは、〈あれは差別だったと思う〉と言った。

結婚して、子どもを生み、育てる。そこで尊重されるべきは、母の意思だ。それが母にとっての権利であり、誰によっても侵害されていいものではない。

このときぼくは、「優生思想」という言葉を思い浮かべていた。

「不良な子孫の出生を防止する」

「優生思想」、とりわけ「優生学」は、十九世紀半ばのイギリスで提唱されたものだ。『種の起源』で知られるチャールズ・ダーウィンのいとこにあたる、フランシス・ゴルトンが、晩年になって展開した学問である。しかし、当初ゴルトンは、「人間の優良な血統をすみやかに増やす諸要因を研究する学問的立場」と述べたに過ぎなかった。

後の一九〇一年、ゴルトンは「既存の法と感情の下における人種の改良の可能性」という論文を発表している。

人種の改良――。いまとなっては非常にグロテスクに響く言葉だが、この論文は当時、関係者からの好意的な感触を得た。一九〇四年には、第一回イギリス社会学会で、その名も「優生学――その定義、展望、目的」という講演も行っている。

そして二度の世界大戦を挟み、優生学は世界的に広まっていくことになる。

優生学に基づく優生政策が実施された例として、最も有名なものとして知られているのはナチス・ドイツのそれだ。「劣等な人間」と見なされた多くの人々が、「断種（だんしゅ）」とも呼ばれる強制的な不妊（ふにん）手術を受けさせられた。ナチス・ドイツではそれを合法化するため、一九三三年に「断種法（遺伝病子孫予防法）」という法律が制定された（この法律は米カリフォルニア州で行われていた断種の「実績」を参考にして作られたものだったそうだ）。

このナチス・ドイツを手本としたのが、日本である。一九四〇年、日本で制定されたのが「国民優生法」だ。そして第二次世界大戦での敗戦を踏まえ、一九四八年には「優生保護法」が成立した。ちなみに前者は政府提案、後者は当時としては珍しい議員立法だった。

その第一条にはこう書かれていた。

この法律は、優生上の見地から不良な子孫の出生を防止するとともに、母性の生命健康を保護することを目的とする――。

「優生上の見地から不良な子孫の出生を防止する」とは、遺伝する恐れのある病気を持つ者や障害者が出産することを防ぐということ、そして「母性の生命健康を保護する」とは、女性が持つ妊娠、出産する機能を保護するということだ。このふたつを目的に掲げ、不妊手術と人工妊娠中絶を行う条件、避妊具の販売や指導について定められた。

「不良な子孫の出生を防止する」ために槍玉にあげられたのは、遺伝性疾患、ハンセン病、精神障害、身体障害など、実に五十六の病者や障害者たちだ。それに該当し、医師から公益上必要であることが認められた者への強制不妊手術が規定された。しかも一九四八年当初は、診察した医師が不妊手術を「申請することができる」とされていたものが、翌年には「申請しなければならない」と改正された。実質的に医師の法的な責任が重くなり、病者や障害者は有無を言わさず不妊手術の被害者となってしまう。

また、日本の刑法には現在に至るまで、一八八〇年に作られた堕胎罪というものが存続している。第二次世界大戦に敗れるまで、この堕胎罪が厳しく適用されており、中絶手術を行った医師と女性は罰せられてきた。それを緩和させ、女性が自ら出産を選択できるようにしたのが「母性の生命健康を保護する」ための優生保護法だった。しかしながら、同法のもとで選択する人工妊娠中絶には医師の認定と配偶者の同意が必要とされていて、女性の意思が尊重されていたものとは言えない。

そして、そこに共通していたのは、「あくまでも公益のため」という目線だ。第二次世界大戦に敗戦した日本は一日でも早い復興を望んでいた。しかも当時、「満洲国」の夢が潰え、国内には仕事を失った元兵士や引揚者が溢れていた。人口を抑制しながら、復興していかなければ国家は崩壊してしまう。そんな恐怖が日本を包んだ。

しかしながら、「遺伝」により病者、障害者が生まれ増えていくことは、復興を遅らせる原因にもなり得る、と考えられたのだろう。それは公益に反する。だから、彼らに不妊手術を施そう（念のために説明しておくが、感染力が極めて弱いにもかかわらず、不当な強制隔離政策がとられていた「ハンセン病」は遺伝病ではない）。また、戦災で家や行き場を失った人々――国にとってその存在が好ましくない人々を精神障害者とし、不妊手術を実施しよう。そんな主張すらあった。こうして優生保護法は、医学的根拠も法的根拠も曖昧なままに拡大解釈や恣意的な運用がなされ、多くの人々に取り返しのつかない被害を及ぼしたのだ。

そもそも優生保護法の原型となった国民優生法は、戦争のために〝質〟の高い国民を増やすのを目的としていたため、敗戦を境に〝質〟を強化しつつも〝量〟は抑える方向に舵を切ったといえる。いずれにせよ、すべては公益のため、国のため。その言葉がすべてを正当化していた。

ところが、そんな悪法や差別と闘う人たちがいた。

大きなきっかけとなったのは、一九七二年に優生保護法改正案が提出されたことである。改正のポイントとして、中絶の対象から「経済的理由」が削除され、「精神的理由」が加えられることが提議された。それに抗議したのは当時の女性たちだ。中絶規制の強化に対し、ウーマンリブの活動家や女性議員たちが猛反発した。

また、改正案では胎児の障害を中絶の理由として認める規定「胎児条項」を設けることも提議されたが、そこで立ち上がったのが、脳性麻痺者の当事者団体である「青い芝の会」だった。彼らによる問題提起は、後の「優生」に対する否定的なイメージを形成する大きな役割を担った。

女性の権利と障害者の権利――両者はときに衝突しながらも、産むこと・産まないこと・生まれることを巡って真剣な議論を交わした。そのときの言葉の蓄積は、現在もなお参照されるべきものだ。

このように優生保護法を問題視し、抗議運動を展開する人たちは少なくなかった。やがて優生保護法は、一九九六年に母体保護法へと改正された。一九九四年のカイロで行われた国連国際人口・開発会議で優生保護法が非難されたことや、一九九五年の第四回世界女性会議でリプロダクティブ・ヘルス／ライツという「女性の性と生殖の自己決定権を尊重する」概念が提唱されたことによる影響がとても大きい。

しかし、優生保護法が改正されたからといって、問題が解決したわけではない。同法が存在していた間、国による強制不妊手術の被害者となった病者、障害者の人数は一万六千五百人にものぼると言われている（本人の〝同意〟を得た手術を含めれば、およそ二万五千人となる）。彼らが抱える痛みは、法律の改正によって癒えるようなものではない。

二〇一八年には、仙台に住む被害者が国に賠償を求める裁判を起こしたことをきっかけに、全国各地で同様の裁判が相次いだ。

そして、そのなかには、母と同じようなろう者もいた。

そう、「耳が聴こえない」という理由で、強制的に不妊手術を受けさせられた人たちがいるのだ。

もしかしたらぼくは、国によって生まれる前に〝殺されていた〟かもしれない。母も父も、子どもを作れない体にさせられていたかもしれない――。

報道を目にしたぼくは、経験したことがないほどの恐怖に包まれていた。

優生保護法裁判――藤木和子さんに訊く

優生保護法による強制不妊手術にまつわる裁判では、被害者の力になるため「優生保護法被害弁護団」が立ち上がった。そのなかに、以前からの知人がいる。弁護士の藤木(ふじき)和子(かずこ)さんだ。彼女の弟は耳が聴こえない。親ときょうだいという違いはあるものの、ぼくらは「耳の聴こえない家族を持つ」という共通点からつながり、交流するようになっていた。

二〇二二年十一月現在、この裁判は未だに決着がついていない。そして原告のなかには、長年の苦しみを晴らせぬままこの世を去ってしまった人もいる。

「兵庫にお住まいの原告はろう者だったんですが、亡くなってしまいました。一緒にうどんを食べたりして、わたしのことをすごく可愛がってくれたんです。なので亡くなったことを知ったときは悲しくて……。裁判もまだ終わっていないのに、無念だったんじゃないかなと思います。その方、聴こえても聴こえなくてもどっちでも構わないから、自分の子どもが欲しかったと仰(おっしゃ)っていたんです」

眉根(まゆね)を寄せ、藤木さんは悔しさと悲しさが入り混じった顔をする。

藤木さんが弁護団に入るきっかけ、そこには彼女の生い立ちが関係している。ぼくが優生保護法を他人事と思えなかったように、藤木さんもまた自分事として捉え、立ち上がった。

「聴こえない弟が生まれたとき、親戚中から母は責められました。障害者を生むなんて、と差別されたんです。そんな母の姿を間近で見ていたことで、わたし自身、子どもを持つことが怖くなって……。精神的に不妊手術を受けさせられたような感覚に近かったと思います。それもあって、優生保護法の被害者のことを無視できなくなりました。自分になにかできることがあるなら、と弁護団に加わったんです」

霧が立ち込めているように、裁判の行方はまだ見えない。いくつかの裁判では優生保護法は違憲であったという判決や賠償を認める判決が出されたものの、一方で、国に対しての損害賠償請求を棄却する判決も出ている。最高裁判所の結論は出ておらず、まさに一進一退の状態だ。

「原告の方たちが求めているのは、〝国からの謝罪〟なんです。でも国としては、『優生保護法を成立させたのは国会と行政であり、国という主語は使えない』と主張する。そこの食い違いが争点になっているように感じます。ただ本質的な解決は、さらにその先にあると思うんです」

もちろん裁判で勝訴することは大事だが、それで終わらせてしまっては意味がない。藤木さんが見据えているのは、社会のなかにある優生思想的な意識の変化だ。

「原告の方たちにいくらお金が支払われたとしても、この裁判を受けて、社会が変化しなかったら意味がないと思います。ありとあらゆる障害者、そしてその家族が不当に差別されない社会を作っていくことが本当のゴールですよね。弟が聴こえないことで母も差別されましたし、もしも弟とわたしの生まれた順番が逆だったら、わたしは生んでもらえなかったかもしれない。『次の子も聴こえなかったらどうするの？』という声は確実にあるので。でも、そんな社会はおかしいじゃないですか。障害を理由に当事者や家族が抑圧されるのはもう終わりにしたい。だから今回、原告の方たちが勇気を出して立ち上がってくださったことに感謝しています。同時にこれを無駄にすることなく、社会から差別を無くすためのきっかけにしたいんです」

どんな結果が出たところで、子どもを生めなかった原告の人生がもとに戻るわけではない。過去はもう取り返せない。それでも彼らが戦うのは、藤木さんの言うように、この社会から差別を無くしたいという思いが根底にあるからなのだろう。

「若い人たちのなかには、そもそも優生保護法の存在すら知らない人もいるんです。だからといって、無かったことにはできません。たとえば、いまはろう者でも自動車免許が取得できますが、昔はそれすらも禁止されていた。でも、大勢のろう者が立ち上がったから、自動車免許が取得できるようになったわけです。社会が変わる背景には、そういう風になんらかの犠牲になり、それでも周囲に懸命に働きかけた先人たちがいる。つまり、強制不妊手術なんて無くなった〝いま〟の背景には、それに振り回された人たちがいることを忘れてはいけない。そのためにもわたしは、彼らと一緒に最後まで戦い抜きたいと思っています」

原告たちの年齢を考えると、残されている時間はそう長くはない。彼らが望むような結論が出るのだろうか。藤木さんと話している間、ぼくは祈るような気持ちでいた。

二〇二二年三月仙台高裁

二〇二二年三月、ぼくは仙台高等裁判所に向かっていた。この日、宮城県内の原告によって起こされた優生保護法裁判を傍聴（ぼうちょう）するためだった。

誘ってくれたのは、「優生手術被害者とともに歩むみやぎの会」を運営する横川（よこがわ）さんだ。

会が主催する勉強会や共催の全国集会に何度か参加していたこともあり、一度インタビューしてみたいと考えていた。依頼の連絡をすると、「せっかくなら、裁判の傍聴も」と言ってくれたのだった。

あおば通駅で降り、横川さんとの待ち合わせ場所まで歩く。東京にはすでに春の気配が訪れていたが、宮城の三月はまだ肌寒い。コートを羽織り、急ぎ足で歩を進めた。

仙台高等裁判所の目の前にある小さなカフェ。そこが待ち合わせ場所だった。到着すると同世代と思しき女性に会釈される。横川さんだ。彼女の側には、電動車いすに乗る男性と介助者、そしてもうひとりの女性がいた。

男性は及川智さん。脳性麻痺当事者の立場から、強制不妊手術の被害者を支えているという。もうひとりの女性は、東北学院大学共生社会経済学科の准教授である黒坂愛衣さんで、ハンセン病問題の研究をしていることから会に参加したそうだ。

横川さんは悲痛な面持ちで口を開く。

「京都の自立生活センターに就職したことを機に、障害者運動に関わることになりました。そこでは差別の実態をたくさん見たり聞いたりしていて。その過程で優生保護法の存在も知りました。京都新聞の記者が発見した優生手術の記録を見せてもらうと、当時まだ十二歳だった少女が不妊手術を受けさせられたりしている。とてもショックを受けました……。でも、やっぱりもう過去の問題だと思っていたところもあって。その後、宮城に引っ越してきて、後に県内で裁判を起こすことになる被害者の方たちと知り合ったんです。そのうちのひとりは十五歳の頃に手術をされていました。いま、目の前にいる女性が中学生時代にそんな酷い目にあっていたなんて……。そのとき、これは過去のことではなくいまも続いている問題だと気づきました。それからわたしも一緒に闘おうと思い、会を立ち上げることになったんです」

現在、優生保護法裁判は全国で行われている。しかし被害者たちが声を上げるきっかけになったのは、二〇一八年一月に宮城県で行われた裁判だった。この裁判は非常に注目され、主要メディアでも取り上げられた。

しかし、宮城に住む被害者のひとりである飯塚淳子（いいづかじゅんこ）さん（仮名）は、二十年以上前から被害を訴えていたという。

「飯塚さんは何度も厚労省などへ足を運んで、そのたびに記者にも連絡していたらしいんです。でも細々としか取り上げてもらえなかった。そんななか、二〇一八年に国を相手取った裁判が起こると、一気に注目されるようになりました。裁判を機に全国にいる同じ被害を受けた人たちが声を上げられたのは良かったと思いますが、一方で、そこまでしなければ世のなかは動かないのか……とも思ってしまいます」

たったひとりで闘い続けてきた飯塚さんを思うと、及川さんも無念だという。

「二十年もの間、飯塚さんをひとりで闘わせずに、もっと早くつながることができていれば。そう思うと悔しいんです」

そして黒坂さんは、「優生保護法が続いていたのは、国民一人ひとりの責任だとも思う」と続ける。

「国会で優生保護法が成立したとき、そして何年にもわたって維持されている間、わたしたちはそれを問題視してこなかったんですよね。この裁判が終わったとしても、マイノリティへの差別を問題視できなければ、また同じ歴史を繰り返すのではないかとも思います。共生社会とはなにか、を真剣に考えなければいけません」

障害者はいまだに、「もしも子どもに遺伝したらどうするの?」などと言われてしまう。それは〝心配〟という善意の体(てい)を装(よそお)った、優生思想ではないか。技術的にもより自然な形での命の選別が可能になっている以上、黒坂さんが言うように「歴史は繰り返す」恐れがある。だからこそ、この優生保護法裁判をひとつの楔(くさび)にする必要があるのではないか。

インタビューを終えると、ぼくらは裁判所へと向かった。傍聴券を受け取り、開廷を待つ。待ち合いスペースには原告の家族も来ていて、少しだけお話しさせてもらう。

両親がろう者であること、優生保護法は他人事とは思えないことなどを打ち明けると、「関心を持ってくれて、ありがとう」と言われてしまう。お礼を言われるようなことではないのに、うまく返事ができず、言葉に詰まる。

やがて開廷になり、ひとりずつ法廷へ入室した。

傍聴席には関係者が多いようで、他には報道陣も揃っていた。県内のニュースとして、やはり動向に注目が集まっている。

三名の裁判官が入ってくると、厳（おごそ）かな空気のなか、裁判がはじまる。

この日は訴訟（そしょう）代理人弁護士による準備書面の説明が主らしい。これまでに全国で九つの裁判が行われたが、うち六つの裁判では国の賠償責任が否定されたこと。しかしながら、大阪高等裁判所では「被害者の目線に立った判断」が成されたこと。障害者のなかには情報にアクセスすることが難しく、故に裁判を起こせない人もいること。だからこそ、健常者目線ではなく、被害者の目線に立つ必要があること――。

弁護士の主張を聞きながら、ぼくは何度も頷いていた。

その後、次回の日程が相談され、裁判は閉廷した。宮城に住む被害者たちの闘いは、まだ続いていくのだ。

裁判の後、弁護士会館で報告会が行われるという。せっかくなので参加させてもらう。

そこへ向かう途中、ぼくは信じられないような話を耳にした。

「強制不妊手術が実施された件数のトップは北海道。宮城はそれに次ぐ多さなんです」

第六章　母の出産

宮城での裁判傍聴を終え、東京に戻ってからもしばらくは、なんだか心が晴れなかった。

宮城で実施された強制不妊手術の件数は、北海道に次ぐ多さだった――。

それを知ると、母や父の置かれていた状況に不穏な影が差す。いつも笑っている母と、仏頂面ばかりだけどやさしい父。ぼくがふたりの子として生まれてきたのは、まさに奇跡みたいなことなのではないか。

でも、どうして宮城県でそんなに手術が行われたのだろう?

そんな疑問を抱くぼくに、横川さんがひとりの女性を紹介してくれた。利光惠子さん。立命館大学の生存学研究所に在籍しており、優生保護法における強制不妊手術の実態について調査している人だった。宮城にも何度も足を運び、飯塚淳子さんをはじめとする被害者の聞き取りを行っている。

「宮城県で実施された強制不妊手術について、教えていただけませんか?」

ぼくのお願いに対し、利光さんは快諾の返事をくれた。

愛の十万人運動

国の統計によると、宮城県内で強制不妊手術を受けたのは千四百六人とされている。そのうち県が保有する資料から個人を特定できるのは九百人。一九六〇年と一九七四年にはなんと九歳の子どもが手術を受けており、これは県内における被害者の最年少だ。その他の年の最低年齢も十歳〜十四歳で、いずれにしても自己判断の難しい年齢の人たちが被害者になっている。

「全国の推移を見てみると、一九五〇年代後半から強制不妊手術の件数は減少傾向だったことがわかっています。そんななか、宮城だけが非常に特徴的な推移をしている。一九五〇年代後半以降も増加しており、一九六三年から一九六五年をピークに、一九七〇年代初めまで多くの手術が実施されてきたんです」

全体的に減少傾向があるなか、どうして宮城だけが手術件数を増やしていったのか。そこには一九六〇年前後に県内で盛んだった「愛の十万人運動」が関係している。

一九五六年、県内にひとつしかなかった重度知的障害児のための施設「亀亭園（きていえん）」が火事で焼失するという事故が発生した。それが契機（けいき）となり、翌五七年には医療、福祉、教育関係者が総動員され、「宮城県精神薄弱児福祉協会」を設立。やがて行政も一体となった「愛の十万人運動」が展開されていくことになる。

「会の趣意書によれば、大切な仕事のひとつとして『優生保護の思想をひろめ、県民の資質を高める』という項目があげられていて、さらには『遺伝性の精神薄弱児をふやさないという優生手術の徹底』が強調されています。優生思想に基づく政策として有名なものに、兵庫県で実施されていた『不幸な子どもの生まれない運動』があります。これが執行されたのは一九六六年なので、宮城ではいち早く似た運動をはじめていたことになりますね。それもあって、宮城県内での強制不妊手術件数は減少していかなかったのだろうと考えられるんです」

〝愛の〟と冠しているように、この運動は人々の善意や愛情の名のもとに推し進められたのだろう。事実、趣意書には「遺伝性の場合は、その両親と子ども、後天性の場合はその精薄の子どもに対して、子どもが生まれないような優生手術をする必要があります。それが、その親と子どものしあわせです」と述べられている。

「いまでこそ障害のある人が子どもを生み、育てていくためにさまざまな支援が整えられていますが、あの頃はそういった支援なんてありませんでしたし、そもそも障害のある人が子どもを生む可能性すら考えられなかったのでしょう。だから、『健やかな母親に健やかな子どもを』という〝善意〟のもとで母子保健施策が作られていった。保護者としても、『子どものためだから』と手術を承諾してしまう。そういう時代だったのだと思います」

「愛の十万人運動」によって加速していった強制不妊手術。それがピークを迎える頃、ぼくの母は十歳だった。手術を受けていてもおかしくない年齢だ。

「被害を受けた人と免れた人、その差はタイミングだったのだと思います。当時はいまよりも情報がありませんでしたから、ろうのコミュニティのなかで力を持つ人――たとえばろう学校の教師などから手術を勧められ、判断もつかないまま受けてしまう、というケースもあったでしょう。それを免れられたのは、本当に運やタイミングが違っただけなんだと思います」

奪われたものはなにか

全日本ろうあ連盟の都道府県別実態調査の結果［筆者注：二〇二〇年八月時点、四十七の加盟団体に実施された］によると、宮城県で、障害を理由に不妊手術を強いられたと証言しているろう者の数は、男性、女性ともに二名ずつだった。最も多いのは静岡県で、五名の男性と十一名の女性が被害に遭っている。それに比べれば、宮城県の数字は「少ない」と思われるかもしれない。でも本来は「ゼロ人」であって然るべきものだ。たった一名でも被害者がいるのであれば、そこにどんな問題があったのかを考える必要がある。しかも厄介なことに、強制不妊手術の被害者のなかには、自らの過去を打ち明けない人もいる。つまりそこには暗数がある。

「さらにややこしいのが、宮城県で一九六三年あたりから記録されるようになった優生手術台帳の存在です。これは手術を受けた人の名簿録のようなもの。それ以前は公文書が残されていましたが、一九六三年に優生手術台帳へと切り替えられました。ところが、その切り替えがうまくいかなかった。飯塚淳子さんがまさにその例です。彼女は一九六三年に手術を受けていますが、公文書は焼却処分されていて、優生手術台帳にも記録が残っていませんでした。そのせいで飯塚さんはなかなか裁判にも持ち込めず、相当苦労されました。そんな風に、システムを切り替えるタイミングの狭間にいて、記録上からも消えている被害者も存在すると考えられます」

強制不妊手術の被害者と何度も会い、利光さんは対話を重ねてきた。その過程で見えてきたものもあった。

「子どもを持つ機会を奪われてしまった。ただそれだけを悲しんでいるわけではないんです。多くの被害者が、不妊手術による臓器の癒着等から生じる痛みや後遺症など、晩年に至るまでさまざまな体調不良に苦しんでおられます。さらには、被害者のなかには子宮や卵巣まで摘出された人もいますし、卵巣への放射線照射を受けた人もいる。男性であればパイプカットのみならず睾丸そのものを摘出されてしまった人もいる。そうすると、ホルモンバランスが崩れて、とても重い健康被害がずっと続くんです。また、手術を受けさせられたことによって、周囲の人間への不信感を募らせていた人もいます。話を聞けば、『悔しい、悔しい』と繰り返す。彼らは周囲から『あなたは子どもを生んではいけない人だ』と烙印を押されたようなもの。その非情な烙印に起因する自己否定感がずっと続いています。強制不妊手術というのは、心と身体にそれほどの傷を残すものであり、一生続いている苦しみなんですよ」

優生保護法はなくなった。でも、強制不妊手術による被害は、いまでもまだ続いている。

しかし、だからこそ、そんな歴史を問題視している人たちがいる。被害を受けた当事者に限らず、さまざまな立場の人がかつての優生保護法にNOを突きつけている。

それでもなお、社会全体に蔓延する優生思想自体は消えていないのではないか。利光さんはそれを危惧している。

「医療技術の発達にともない、『障害はないほうがいい』という考え方は加速していますよね。それこそ出生前診断なんてまさにそういった考えのもとに生まれた技術でしょうし、最近では着床前診断といったものまで出てきました。優生保護法の裁判が注目されるようになり、『強制不妊手術はとんでもない差別だった』と社会問題として見なされています。一方、医療の現場では出生前診断の技術がどんどん進んでいる。しかも国も関与する形でシステム化しようとさえしているんです」

それを議論するときに重んじられるのは、自己決定権の有無だ。自らが同意した中絶であれば、それはあくまでも自己責任とされる。

優生保護法の被害者のなかにも、手術に〝同意〟した人たちがいる。しかし、それは名ばかりの同意だ。彼ら、あるいはその保護者たちは何度も責め立てられ、泣く泣く同意書に判子を押した。それを自己責任と片付けることはできない。

他方で、出生前診断の結果、中絶を選択するとしたら、それはやはり母親本人の自己決定だと判断される。でもそこにあるのは、社会からの抑圧によって望まない選択を強いられた、という理不尽な構図ではないだろうか。

「それが本当に自己決定なのでしょうか。そもそも、子どもが健常児だったとしても『仕事を続けられるのか』『保育所に入れるのか』『経済的に問題ないのか』など、さまざまなことを考えさせられます。そんな現状なのに、もしもお腹のなかにいる子が障害児であることがわかったら、さらに不安に襲われますよね。社会の理解が追いついていないなかで、障害児を育てられるのだろうか……。そう悩んだ結果、中絶を選択する女性がいるのも理解できます。ただ、それは彼女たちの自己決定というよりも、社会からの抑圧によって決定させられているという表現のほうが正しいのではないか、と思うんです」

――もしも聴こえない子どもが生まれたらどうするの？

――ふたりが結婚して、もしも子どもができたら、その子はわたしがもらって代わりに育てるから。

冴子がぶつけられたこれらの言葉。それは彼女にとって、どれだけの抑圧だったただろうか。

加害者側の子孫

母の過去を取材する過程では、心が温かくなるようなエピソードを知る機会も少なくなかった。ふたりの姉との絆（きずな）を再確認したり、恩師である大沼先生と過ごした日々について知ったりすることは、想像以上の喜びをぼくにもたらしてくれた。

でも同時に、呼吸が苦しくなるような痛みを覚えることもあった。優生保護法について調べれば調べるほど、胸の内がぐちゃぐちゃになってしまう。母が被害者にならなくて良かったという安堵と、被害者がいるにもかかわらずそんなことを思ってしまうことへの罪悪感と、自分の命を左右するような法律が存在していたことへの恐怖とが綯い交ぜになり、感情のコントロールが効かなくなることもあった。

それでも、母の過去を知りたいと思う。この衝動はなんなのだろう。自分でも説明がつかない思いを抱いている最中、ぼくはひとりの女性と知り合った。

東北に住む、あきさん。少しばかりぼくより年上の彼女と出会ったのは、二〇二一年に開催された優生保護法についてのオンライン勉強会でのことだった。

後半に差し掛かり、参加者へ質問タイムが設けられた。質問を投げかける際、ぼくは自分の生い立ちを明らかにし、母や父が被害者になっていたかもしれないことも併せて伝えた。するとと、他の参加者からチャットメッセージが届いた。そこにはこう記されていた。

「わたしは、優生保護法を推進していた側の子孫です」

そのメッセージをくれたのが、あきさんだった。

被害者側と加害者側。それぞれの子孫が出会った、驚くべき瞬間だった。

呆然としつつ、ぼくは急いで返信していた。

「あきさん、はじめまして。よかったら、今度、お話ししてみたいです」

あきさんは現在、精神保健福祉士と社会福祉士の資格を持ち、ソーシャルワーカーとして働いている。だからだろうか、こちらに安心感を抱かせるような話し方をする人だった。

一族には医師や薬剤師、理系の研究者などが多い。しかしあきさんは、医療以外でできるフィールドでのケアに関心を持った。

そして、あきさんの祖父が、優生保護法に関わっている人物だった。

それをあきさんが知ったのは二〇一三年の頃だ。

「当時、精神保健福祉士の資格を取得するために必死で勉強していたんです。そのとき、ふと祖父の仕事について思い出して。祖父は保健所の所長をしていたんです。そこで祖父が行政として発刊した報告書を数年分見てみることにしました。当時の感染症や環境改善などについて書かれていて、勉強になるな、と思いながら読んでいたんです。するとその報告書に、優生保護法による強制不妊手術について書かれていました。相談件数、手術を実施した件数などがしっかりまとめてあったんです。つまり祖父は、保健所の所長として地域の強制不妊手術について所管していた」

知らなかった祖父の過去に触れた瞬間、混乱してしまったという。

「信じられない気持ちと同時に、どこかでやっぱり、と納得するような気持ちもありました。精神保健福祉士の勉強をはじめてから優生保護法という言葉と出合って、もしかしたら祖父もつながっているかもしれない、とうっすら思っていたのかもしれません。施行されていた当時はそれが施策だったし、祖父は行政の仕事として黙々とやっていたのかもしれません。ただ、わたし以外の家族は知っているのかどうか。わたしに教えてくれなかったのは、敢えてなのか。祖父に確認してみたいことだらけで、戸惑ってしまいました」

あきさんの祖父は一九一一年に生まれ、一九九五年に亡くなった。日本に優生学が広まったのが一九一〇年代であり、優生保護法が一九九六年まで維持されていたことを踏まえると、優生学に肯定的な時代をずっと生きていたことになる。

「どうして反旗を翻さなかったのだろう、と気になることはたくさんあります。でも、優生学がある時代に生まれて、そんななかを生きてきたのだから、自分が関わっていることを疑うこと自体が難しかったのではないかとも思うんです」

決して差別的な人ではなかった。仕事内容や財産の有無、国籍、そういったもので他人をジャッジせず、分け隔てなく人付き合いするタイプだったという。

「そういった祖父を見て育ったので、わたし自身も差別は嫌い。どんな人にでもすぐ声をかけてしまうし、誰とでも友達になれちゃうんです。わたしにとって祖父は、人付き合いの手本のような存在でした。だからこそ、祖父と優生保護法とのつながりを知ったときは、そのギャップに面食らってしまいました」

新しい生活

あきさんが受けた衝撃を、ぼくは想像さえもできない。ぼくが優生保護法に抱く感情を大きく分類するならば、怒りや憤りといったものになるだろう。被害を免れた母や父と、被害者としてまさに国と闘っている人たち。両者の人生を目の当たりにして複雑な思いを抱いたものの、結局は怒りや憤りへと回帰する。だからぼくは、こうして取材を重ね、文章に認めているのではないか。

一方、あきさんの胸中はさらに複雑で、がんじがらめになっているように思えた。

「祖父のことはいまでも好きなんです。非常に可愛がってくれましたし、生きる知恵を授けてくれた。でも、わたしには教えてくれなかった祖父だけの歴史があることを知って、それをどう受け止めたらいいのかわからなくなるときがあります。だからもしも叶うならば、直接訊いてみたかった。どういう気持ちでやっていたのって。ただ、それは酷なことだとも理解していて。きっと壮絶な時代で、自分に任されたことをこなすのに精一杯だったのかもしれない。そのときのことは語りたくない過去かもしれない。それを引き出しにしまっておくのも、祖父の自由ですよね。それでも知りたいから、わたしは個人的にいろいろ調べているんです。五十嵐さんに声をかけたのも、優生保護法のことを多面的に知りたかったから」

祖父の過去を調べていくなかで、あきさんは「自分のやるべきこと」に気づけたという。

「優生保護法に基づく強制不妊手術を受けさせられた人に対して、三百二十万円を支払うという救済一時金支給制度が成立しました」

　この制度が成立したのは、二〇一九年のことだ。しかし、子どもを作る機能を勝手に奪われた被害者に対し、この金額はあまりにも安い。その上、違憲性などは認められておらず、国からの謝罪もない。優生保護法被害弁護団の一員である藤木さんも言っていたように、被害者たちが本当に求めているのは「国からの謝罪」なのだ。それがない以上、この救済一時金支給制度に反発が集まるのも当然だった。それでも――。

「もちろん、それですべてが解決されるわけではないと思います。ただ、もしもその制度すら知らない被害者がいたとしたら、ソーシャルワーカーとして教えてあげることができる。それがわたしのやるべきことのひとつです。祖父のことが明らかになって、〝加害者側の子孫〟という意識に苛まれてしまったけれど、一方で〝ソーシャルワーカーとしてのわたし〟が存在しているのも事実。だからまずは自分にできることをしていきたいんです」

　とはいえ、完全にスッキリしたわけではない。胸のなかにはいまだに靄（もや）がかかっているようで、手探りで一歩ずつ進んでいるような状態だ。だからこれからも、祖父のこと、そして優生保護法があった時代のことを調べていく日々は続いていく。

「被害を受けた当事者やその家族はもちろんですが、加害者側の子孫もすごく苦しいんです。そういう意味で、優生保護法はあらゆる人を苦しめた法律だったのだと思います。そして勉強すればするほど、なんてコメントすればいいのかわからなくもなってしまう。当時は国が認めていたことだったのだし、それを祖父のような一個人単位で否定できたのだろうか。もしかすると難しかったのかもしれない」

そこで一拍置いて、あきさんは言葉を続けた。それは、二度と同じ過ちを繰り返さないために、あきさんなりに出した結論のようなものだった。

「わたしは、大きな流れに飲み込まれることが非常に怖くて。いま、多様性のある社会を目指そうとしていますよね？　それ自体は賛成です。ただ、なかには『なんとなくみんなが賛成しているから、自分も賛成しておこう』と考える人もいるように思います。それは思考停止でしかない。そういったスタンスで生きる人が増えてしまうと、もしもまた優生保護法みたいな法律ができても、周囲に流されちゃって賛成してしまうかもしれない。当時だって、公益のためにと賛成する人たちがいたわけですから。だから、かつて存在していた優生保護法が裁判になっているのをきっかけに、目の前で起きていることが本当に正しいことなのかどうか考える癖(くせ)を、みんなで身につけていきたいって思います」

最後にあきさんは、そっと付け足した。

「自分の家族史について、周囲の人たちには話せていません。これから先、話せるようになるときが来るのかもわからない。だから、立場は違うけれども、こうして話せて気持ちが楽になりました」

あきさんとの交流はいまでも続いている。気が向いたときに近況報告のメールを送り合う。互いに返信はしなくても構わない、というルールの下で、ただ胸の内を吐き出すようにそっとメールを送り合っている。

ぼくとあきさんは友達ではない。でもこれからもずっと、彼女との縁(えん)は続いていくような気がしている。

「だ、い」

浩二の母親から交際に反対するような声が上がったものの、それでも冴子と浩二が離れることはなかった。その様子を見て納得してもらえたのかどうかはわからないが、やがてふたりの交際に対して反対するような意見はなくなっていった。

ふたりが結婚し、家族になったのは、冴子が二十六歳の頃だ。結婚を決めたとき、一番寂しがったのは銀三だった。花嫁姿が見たいから、絶対に結婚式を挙げなさいとまで言われたが、冴子は浩二と相談し、入籍のみで済ませることにした。夫婦となったふたりは仙台の小さなアパートを借り、新しい生活をスタートさせた。

〈お父さんからは一緒に暮らしたいってずっと言われていたの。結婚しても出ていくことはないって。でもわたしは、浩二くんとふたりで暮らしてみたかった。だからアパートを借りることにしたのよ〉

そこでの生活は想像以上に楽しかったという。ふたりが新生活をはじめたことを知ったろうの友人たちがしょっちゅう遊びに来てくれて、賑やかな毎日だった。同時期にはろう学校時代の同級生カップルも結婚し、四人で旅行することもあった。鎌倉（かまくら）や北海道などさまざまな場所を訪れた。

母のアルバムには当時の写真がいまでも残されている。時代を感じさせる髪型・服装をした母と父が、友人夫婦と一緒に、満面の笑みで写っているものばかりだ。ろう学校時代が一番目の青春だとしたら、新婚生活時代は二番目のそれだったのだろう。アルバムをめくれば、いくつもそういった写真が出てくる。

同じアパートに暮らす住人は親切な人ばかりだった。

〈特に隣に住んでいた女の人がすごくやさしかった。なにか困ったことがあると、いつだって助けてくれて。一度、代わりに電話をかけてもらったことがあるの。お礼を伝えると、『お互いさまなのよ』って笑ってくれた。なんの心配もいらない毎日だったんだよ〉

しかし冴子の考えとは裏腹に、ふたりの生活を心配したのが銀三だ。聴こえない人同士では不便も多いだろうと不安だったらしく、しばらくして「実家に戻ってこないか」と提案された。浩二に相談すると、〈一緒に暮らしても良いよ〉とのことだったので、冴子は塩竈の実家へ戻り、そこで銀三、奈江子と四人での暮らしをはじめることになった。

〈浩二くんはちょっとぼーっとしているタイプだからなにも思わなかったかもしれないけれど、わたしは同居に対して不満があったのよ。ろうの友人たちは遠慮して遊びに来てくれなくなっちゃったし、お母さんとはしょっちゅう喧嘩になるし、つまんないなって思ってた〉

妊娠が発覚したのは、二十九歳の頃だ。なかなか生理がやって来ない。念のために産婦人科を訪ねると、妊娠二カ月目であることがわかった。冴子の耳が聴こえないことを理解していた担当医は、筆談で「おめでとうございます！」と祝ってくれたという。

妊娠したことを報告すると、銀三も奈江子も喜んでくれた。特に銀三は諸手（もろて）を挙げて喜び、「男の子が欲しいな」と何度も訴えかけていたという。それには浩二も同意しつつ、〈ふたりめは女の子がいいね〉と気の早いことを言っていたそうだ。

対して奈江子は喜びつつも、やはり「もしも聴こえない子どもが生まれたら、一体どうやって育てていこうか」と不安げな様子も見せた。

何度目かの検診で、男児であることがわかった。望んでいた男の子ということで、銀三ははしゃぐように喜んだ。

〈どうしてそこまで男の子にこだわったんだろう？〉

そう尋ねたぼくに対して、母は祖父の過去について教えてくれた。

〈実はね、わたしたち三姉妹が生まれる前に、男の子が生まれていたの。でも生まれてすぐに亡くなっちゃって。お父さんはそのことをずっと引きずっていて、もう一度男の子が欲しいってお母さんに話していたんだよ。でもその後生まれたのは三姉妹でしょう？　だから願いが叶わなかったことにガッカリして。それがまさか、同居することになったわたしが男の子を生むことになるって知って、まるで自分が親みたいに喜んだんだよ〉

またひとつ、母の語りから祖父が見せなかった一面を知ってしまった。

〈しかも、あなたの名前をつけたのは、お父さんなんだよ。もしもなにかあったとき、わたしでも呼びかけやすいように『だ、い』ってつけたの。大きく育ってほしいっていう願いも込めたみたいだけど、一番に考えてくれたのは、わたしと浩二くんが呼びやすいかどうかってことだった〉

娘に愛情を注ぐのと同じように、祖父は孫のぼくにも愛情を注いでくれたのだ。でもぼくはそんなことにも気づかず、反発してばかりだった。

いまさら気がついてももう遅い。銀三はもういないのだし、ぼくの声は届かない。

それでもぼくは、〈おじいちゃんに謝りたい〉と言っていた。

ぼくの言葉を理解すると、母は曖昧に微笑んだ。

「わたしのみみは、きこえないんだよ」

ぼくを出産したときのことを、母は鮮明に覚えているという。

それは入浴中のことだった。

〈その日、由美ちゃんが遊びに来ていたの。みんなでごはんを食べて、その後でお風呂に入っていたら破水しちゃったんだよ。由美ちゃんは看護師もやっていたから診てもらったら、もうすぐ生まれるよって大慌て。由美ちゃんと一緒に病院へ向かったら、そのまま分娩室に運ばれた。お医者さんも看護師さんも『頑張って』『もう少し』って口をはっきり開けて言ってくれたからなにを言っているのか読み取ることができたし、難しい会話は由美ちゃんが通訳してくれたのよ。だからコミュニケーションでは困らなかったんだけど、どうしてもうまく力めなくて、結局、帝王切開することになってね〉

母の出産には非常に時間がかかり、「ぼく」がこの世に誕生したのは朝方のことだった。

冴子が我が子と対面したのは、手術の麻酔が切れてから。眠りから覚め、初めて顔を見たときの感動は忘れられない。

〈赤ちゃんのあなたを見たとき、本当にうれしかった。お父さんもお母さんも、由美ちゃんもさっちゃんも浩二くんもみんな駆けつけてくれて、大騒ぎだったんだよ。数週間入院していたけど、みんな毎日遊びに来てくれて。浩二くんなんて、仕事が終わったら車を飛ばして来るのよ。でもね、あまりにも急ぎすぎてスピード違反で捕まっちゃったの。それくらい息子に会いたかったんだろうね〉

〈その頃、ぼくの耳が聴こえるのかどうか、みんなは気にしていた？〉

〈ううん、聴こえるかどうかって尋ねる人はいなかったよ。ただわたしはね、生まれつきろう者の自分から生まれる赤ちゃんは、きっと聴こえないんだろうなって思ってた。でもお医者さんから『この子は聴こえるみたいですよ』って言われてホッとしたのよ。みんなも同じで、聴こえることに喜んでいたみたいだね〉

退院してからは新米（しんまい）の母親としての日々がスタートした。奈江子やふたりの姉に育児について教えてもらいながら、試行錯誤する毎日だ。

我が子が二歳にも満たない頃、冴子は自分がろう者であることを伝えた。

〈わたしのみみは、きこえないんだよ。そうやってゆっくり伝えたの〉

　すると息子は、内緒話をするみたいに冴子の耳元を手で覆い、そこでなにかを呟いたという。しかし、もちろん冴子には聴こえない。だから冴子は、あらためて耳のことを説明した。

〈そうしたら、すごくびっくりした顔をしてた。そしてしばらく、わたしに話しかけてこなくなったの。聴こえない人とどうやってコミュニケーションを取ればいいのかわからなかったんだろうね。お母さんと一緒にいるときは一生懸命にお喋りしているんだけど、わたしとふたりになると急に静かになっちゃうんだよ。その姿を見て、聴こえないことを伝えたのは早かったのかなって申し訳なくなった。でもね、幼稚園生になる頃、試しに手話を教えてみたのよ。『お母さん』『お父さん』『どうして』『美味しい』みたいな簡単な手話をね。そうしたらすぐに真似して覚えてくれて、それからちょっとずつ手話でお喋りするようになっていったんだよ〉

　当たり前のことだけれど、その頃の記憶は一切ない。だから、初めて母から「耳が聴こえないこと」を告白されたとき、自分がなにを思ったのかもわからない。母の言う通りならば、幼いなりに戸惑ってしまったのかもしれない。

　でも手話を教えられ、少しずつコミュニケーションが取れるようになっていった。そのときのぼくは、母と会話ができる手話という言語を、ごく自然なものとして捉えていただろう。教えられれば教えられるほど、水を飲むみたいに吸収していったのだ。

ぼくがまだ小さかったときのことを話す母は、頬を緩め、まるで愛（いと）おしいものを見つめているみたいな表情をする。そんな母に対して、最後にどうしても訊いておきたい質問を投げかけた。

結局、ぼくの耳は聴こえるけれど、本当はどちらが良かった？

聴こえる子どもと聴こえない子ども、どちらを望んでいた？

〈赤ちゃんの耳が聴こえるか聴こえないか、どちらでも良いと思ってたよ。わたしの子どもであれば、そんなのどっちでも構わない。……ただ、もしも選べるなら、聴こえる子であってほしいとは思った〉

〈それは、どうして？〉

ぼくがゆっくり手を動かすと、母もゆっくりと答えてくれた。

〈わたしは生まれつき耳が聴こえないことで、とても苦労してきた。聴こえるお姉ちゃんたちが歌ったり踊ったりしているのを羨ましく思うこともあったし、喧嘩したときに『なんでわからないの！』と言われるのも悔しかった。自分の子どもには、そんな経験をしてほしくなかった。だから、あなたの耳が聴こえることがわかったとき、ああ、この子はわたしと同じ目に遭わずに済むんだなって、とても安心したんだよ〉

優生保護法という法律があった時代に愛する人と出会い、その人との子を成した母。そんな人生を歩めたのは、彼女が家庭環境に恵まれていたからではない。ただ、運がよかった。それだけだ。運命の歯車がどこかで狂っていたら、母もまた、優生保護法の被害者になっていただろう。そのとき、ぼくはここに存在していない。

この取材を通して、母と何時間も向き合ってきた。知らなかった過去の話を、たくさん訊いた。そこにはたしかに差別や偏見が見え隠れしていた。それでも彼女は恨み言をこぼさなかった。本当は怒りたいこと、泣きたいこともたくさんあっただろうに、それを言葉にしなかった。話してくれたのは、自分の人生に起きた幸せな瞬間のことばかりだ。

そんな母の人生を前にして、ぼくの胸の内はぐちゃぐちゃになっていた。母が幸せだったことに納得しつつも、その背景にあったさまざまなことを想像しては、怒りや悲しみが顔を出す。でも、その思いを伝えることもできず、ぼくはただ下手くそな笑顔を浮かべては、涙を堪(こら)えるばかりだった。

エピローグ

耳の聴こえない両親に育てられたぼくは、「コーダ」と呼ばれる存在だ。ここ最近、ドラマや映画で取り上げられることも増え、コーダの存在が少しずつ社会に浸透（しんとう）していくのを実感している。

コーダにはその生い立ちに起因する特有の悩みがある。そのひとつが、「親と自分との違いに戸惑う」というものだろう。ぼくもまさにそれに直面してきた。

――どうしてぼくは、お母さんやお父さんとは〝違う〟んだろう。

子どもの頃、しょっちゅうこんなことを思っていた。ふたりが目の前で楽しそうに話しているとき、ぼくはその会話にうまく入れない。それは、彼らがぼくを除（の）け者にしていたからではなく、ぼくが彼らと同じ言語を持っていなかったからだ。

ぼくは母や父のように、流暢な手話を使うことができない。

一歩外に出れば、そこは音声日本語の世界であって、手話を見かけることなんてほとんどなかった。祖父母の影響もあり、家庭内でも手話を使う機会は少なかった。それでも両親が話すのを真似て、少しずつ手話を身につけていく。しかしながら、ぼくの思考や感情の回路が複雑になっていくスピードに、手話習得のそれが追いつかない。成長していくに従って、〝伝えたいこと〟と〝伝えられること〟がどんどん乖離(かいり)していった。母や父のように手話が第一言語であれば、ぼくもふたりとコミュニケーションが取れるのに、聴こえてしまうぼくにはそれが叶わなかった。

だから何度も、母や父と〝同じ〟になりたい、と願った。ふたりのことが大好きなのに、ぼくと彼らとの間には線が引かれているみたいで、それを乗り越えられないことがもどかしくて、悔しくて、悲しかった。

〈もしも選べるなら、聴こえる子であってほしいとは思った〉

母はぼくにこう言った。

自分たちとは異なる、〝聴こえる子〟であってほしい、と。もちろんこれは、ぼくを思ってのことだ。差別されないように、偏見をぶつけられないように、孤独を感じないように。そこに込められているのは、自身が体験してきた苦しみが我が子の人生で繰り返されないように、という彼女なりの愛情なのだろう。同時に、そのささやかな願いこそが、母が幼い頃から経験してきた差別や偏見に関するひとつの証言だったのではないかと、いまさらながらに思う。

子どもの頃のぼくは、母のそんな思いに気づくことさえなかった。〝違う〟ことに寂しさを覚え、「もしも自分の耳が聴こえなかったら、ふたりとちゃんとお喋りできていたのかな」などと空想していた。もう遠い過去の話だ。

でもいまは、聴こえない両親のもとに聴こえる子として生まれてきて、それでよかったのだと思っている。母や父と過ごすなかで、わかったことがあったからだ。

それは、「〝違い〟は乗り越えられる」ということ。

前提条件からすれ違ってしまったとしても、相手と向き合い、言葉を重ねれば、もつれて、切れかかっていた糸でもつなぎ合わせることができる。互いが「わかり合いたい」と願うならば、きっと大丈夫。

本書の取材を通して、母とは何度もコミュニケーションを取ってきた。

子どもの頃と比べれば、いまのぼくは遥かに手話が上手になったと思う。それでもまだまだわからない単語、表現は多いし、しばしば間違えてしまう。

そんなぼくでも、「母の過去を訊く」ことができた。手だけではなく全身を使ってこちらの問いに答えてくれる母を前に、そのメッセージを読み取ろうと努めた。どうしてもわからないことがあれば、曖昧なままで済ませない。理解できるまで何度も尋ね、母をじっと見つめる。結果として、これまで知る機会のなかった母の過去に触れることができた。その過程では、やはり知りたくなかったこともあったけれど、それでも母に訊きにいってよかったと思っている。

取材を終え、こうして原稿が完成した二〇二二年十二月、ぼくは最後の確認をするためにあらためて母と父のもとへ向かった。

パソコンを開くと膨大な量の原稿が映し出される。それを覗き込むと、母は言った。

〈あなたがこんなに書いたの?〉

〈うん。これがお母さんの歴史だよ〉

ぼくが読み上げながら、母に説明をしていく。この一文にはどんな意味があるのか、このエピソードを入れた理由はなんなのか、最終的にどんなメッセージが伝わるのか。

ぼくの説明に頷きながら、母も一文一文追いかけているようだった。

佐知子や由美の語りに差し掛かると、母は懐かしそうに目を細めて笑った。ろう学校時代のエピソードを読めば楽しかった日々を夢想するような表情を見せ、大沼先生の語りを読む目は真剣そのものだ。優生保護法についてのパートまで読み終え、やがて、母自身が出産したときのエピソードへ辿り着く。

まるで被害者の方々を悼むような顔をしている母に、ぼくは言った。

〈大変な時代だったのに、ぼくを生んでくれてありがとう〉

すると母は〈ううん〉と首を振った。

〈大きくなったあなたとこうして何時間も話ができて、わたしのことを知ろうとしてくれて、本当にうれしかったし、楽しかったよ〉

ぼくは母と顔を見合わせて静かに笑った。

言語の壁を越え、母とぼくがより深くわかり合えた瞬間だったと思う。やっと終わったという疲労感と、それ以上の充足感。母の過去に近づけたことで、ぼくの心は温かいもので満ちていた。

そして最後に、思いがけない気づきもあった。

この取材は、あくまでも「母の過去を知るため」に行ってきたものだ。もちろん、その目的は達成できたと思っている。でもぼくは、この過程を経て、もうひとつの大切なことを知るに至った。

それは、この先、ぼく自身がどう生きるか――つまり「ぼくの未来」。母の過去、そしてぼくのルーツを知ることによって、自分の未来を考える手がかりを得たのだと感じている。

母の過去には幸せな瞬間がたくさんあった。一方で、家庭内で手話が使われていなかったことによる孤独や、障害者同士での結婚や出産を不安視するといった偏見、さらには優生保護法による強制不妊手術という人権侵害が当たり前にはびこっていた時代背景など、随所に「差別」の片鱗が見え隠れしていた。そしてこれらは、いまでも形を変え、社会のなかに根付いているものだ。

そういったものにぶつかるたび、ぼくは憤り、悔しさに唇を噛むだろう。差別も偏見も完全に消し去ることはできないし、社会全体が特定の属性の人を排除したり、その権利を軽んじたりするような流れに傾くこともあるかもしれない。でも、これまでのように「仕方がない」と諦めたりはしない。

社会にはびこる差別や偏見に苦しむ人を見つけたら、できる限り声を上げていきたい。不当なものを乗り越えていきたい。自分にできることなんてたかが知れていることくらい、ちゃんと理解している。だからこそぼくは、こうして文章を書き、賛同してくれる仲間を増やし、差別や偏見を乗り越えていきたい。そう思っている。

それが「ぼくの目指したい未来」であり、「母の過去」から受け取った大切なものだ。

もちろん、不安もある。怖いことだってある。それらに飲み込まれ、進むべき道を見失いそうになることだってあるだろう。そんなとき、ぼくはきっと、何度もこの本を開くのだ。

あとがき

本書は柏書房の公式ｎｏｔｅ「かしわもち」で二〇二一年七月から不定期で更新していた『聴こえない母に訊きにいく』をベースに書き下ろした一冊です。

一年半もの間、何度も母のもとへ足を運び、コミュニケーションを重ねました。母とこんなにも濃密な時間を過ごしたのは、いつぶりだったか思い出せないくらいです。最初はなんだか照れくささもありましたが、真剣に話してくれる母を見ているうちに、彼女の歴史がまるで映像のように目の前に広がっていったのが印象的です。

でも、どうしても書かなかった出来事も存在します。母の意思を尊重し、書かなかった。ただし、書かなかったけれど、絶対に忘れない。それがぼくにできることだと思っています。

また、生前の祖母から聞いていた話と、母が話してくれた内容が食い違っていることもありました。それは単なる記憶違いなのか、受け止め方の不一致なのか。証言を突き合わせ、徹底的に検証する道もあったかもしれません。でもぼくは、それぞれの語りを尊重することにしました。視点が異なれば、見えている風景も異なります。祖母と母とでは、きっと見えているものが違ったのでしょう。それが当たり前なのだし、それでいいのだと納得しています。ぼくが知りたかったのは、〝母にとっての真実〟だったのです。

執筆にあたって、非常に多くの方々がお力を貸してくれました。手話の歴史を教えてくれた森壮也さん、ふたりの伯母である佐知子と由美、母が通っていた宮城県聴覚支援学校のみなさん、恩師の大沼先生、それぞれの立場で優生保護法に関わっている利光惠子さん、藤木和子さん、優生手術被害者とともに歩むみやぎの会のみなさん、あきさん。お忙しいなか、お話を聞かせてくださってありがとうございました。

そしてもちろん、母と父にも。突然、「昔のことを教えてくれ」と言い出した息子を温かく迎えてくれて、こちらの質問に嫌な顔もせず答えてくれたことに本当に感謝しています。最終校正の段階で、母に「この話が一冊の本になるんだよ」と伝えたら、「なんだか恥ずかしいね」と笑っていました。どうやらまだ実感が湧いていないようです。できあがった見本を手にしたとき、母はどんな顔を見せてくれるのか。いまから渡しに行くのが楽しみです。

本書の制作を手掛けてくださった方々にも感謝の思いで一杯です。

連載時のバナーデザインに引き続き、装丁は中北隆介さんが担当してくださいました。繊細さを感じさせる手書き文字のタイトルは、これ以上ないくらい気に入っています。

装画を描いてくださったのは、以前からファンだった坂内拓さんです。まるで薄曇りのような空はこの先晴れていくのか、あるいは雨になるのか。読み手の想像を掻き立てるようなイラストは、宝物です。

そして編集担当の天野さん。あのとき天野さんが声をかけてくださったことで、本書の企画がスタートしました。それがなかったら、母の過去を知ろうなんて思いもしなかったかもしれません。でも、知ることができて本当によかった。ありがとうございました。

最後に。この本を手に取ってくださった方々の胸中には、いまどんな思いが芽生えているでしょうか。他人の家族の歴史を見せられて、正直、戸惑っている人もいるかもしれません。でも、本書を通じて、「障害のあるひとりの女性が生きること」について、そしてその周辺にいる、障害児を育てる親、一緒に育つきょうだい児、サポートする教育者、あるいはいまを生きているろう者たち、ろうの親を持つコーダなど、さまざまな立場で思い悩み、葛藤し、懸命に生きている人たちに対して、少しでも思いを馳せていただければ幸いです。時代は変わったものの、そこにある生きづらさが無くなったとは言い切れません。では、それを無くすためにどうするのか。本書を読んでくださった方々と一緒に考えていけたらいいなと、そんな未来を願っています。

二〇二三年一月吉日

五十嵐　大

参考文献・資料一覧

■第一章　子どもの頃

・塩竈市教育委員会『塩竈の歴史』塩竈市教育委員会、一九七五年
・『塩竈――60年の歩みとこれから』塩竈市、二〇〇一年
・岡本稲丸『近代盲聾教育の成立と発展――古河太四郎の生涯から』日本放送出版協会、一九九七年
・クァク・ジョンナン『日本手話とろう教育――日本語能力主義をこえて』生活書院、二〇一七年
・斉藤道雄『手話を生きる――少数言語が多数派日本語と出会うところで』みすず書房、二〇一六年

■第三章　母校へ

・『令和3年度 学校要覧』宮城県立聴覚支援学校、二〇二一年

■第四章　母の恩師

・木村晴美＋市田泰弘「ろう文化宣言　言語的少数者としてのろう者」『現代思想』一九九六年四月臨時増刊号、青土社

■第五章　父との結婚

・米本昌平＋松原洋子＋橳島次郎＋市野川容孝『優生学と人間社会――生命科学の世紀はどこへ向かうのか』講談社現代新書、二〇〇〇年
・藤野豊『強制不妊と優生保護法――〝公益〟に奪われたいのち』岩波ブックレット、二〇二〇年
・優生手術に対する謝罪を求める会＝編『【増補新装版】優生保護法が犯した罪――子どもをもつことを奪われた人々の証言』現代書館、二〇一八年
・毎日新聞取材班『強制不妊』毎日新聞出版、二〇一九年
・荒井裕樹『障害者差別を問いなおす』ちくま新書、二〇二〇年
・「優生保護法とは」（ＳＯＳＨＩＲＥＮ　女（わたし）のからだから）
http://www.soshiren.org/yuseihogo_toha.html
・日本弁護士連合会「旧優生保護法下において実施された優生手術等に関する全面的な被害回復の措置を求める決議」二〇二二年九月三十日（ＰＤＦ）
・利光恵子「優生思想と現代（２）―強制不妊手術から考える―」『さぽーと』七六四号、二〇二〇年
・全日本ろうあ連盟「調査報告」（最新は二〇二〇年八月三十一日時点）
https://www.jfd.or.jp/kfchosa

■インタビューの時期と回数

・母
一回目　二〇二一年六月
二回目　二〇二一年七月
三回目　二〇二一年十月
四回目　二〇二一年十二月
五回目　二〇二二年三月
六回目　二〇二二年十月
七回目　二〇二二年十二月

・父
一回目　二〇二二年十月
二回目　二〇二二年十二月

・佐知子　二〇二一年十月
・由美　二〇二一年十月
・宮城県立聴覚支援学校　二〇二一年十二月
・大沼直紀先生　二〇二二年一月
・藤木和子さん　二〇二二年二月

・あきさん　二〇二二年三月
・優生手術被害者とともに歩むみやぎの会　二〇二二年三月
・利光恵子さん　二〇二二年六月
・森壮也さん　二〇二二年八月

本書は、柏書房株式会社が運営する公式ｎｏｔｅ「かしわもち」で二〇二一年七月から二〇二二年六月にわたって発表された『聴こえない母に訊きにいく』をもとに、追加取材をしたうえで書き下ろしたものです。

五十嵐 大（いがらし・だい）

1983年、宮城県生まれ。2015年よりフリーライターになる。著書に『しくじり家族』（CCCメディアハウス）、『ろうの両親から生まれたぼくが聴こえる世界と聴こえない世界を行き来して考えた30のこと』（幻冬舎）など。2022年には初の小説作品『エフィラは泳ぎ出せない』（東京創元社）も手掛ける。

聴こえない母に訊きにいく

2023年5月10日　第1刷発行

著　　者　五十嵐 大
発 行 者　富澤凡子
発 行 所　柏書房株式会社
東京都文京区本郷2-15-13（〒113-0033）
電話（03）3830-1891［営業］
（03）3830-1894［編集］
装　　丁　中北隆介
装　　画　坂内 拓
写　　真　五十嵐 大
校　　閲　株式会社麦秋アートセンター
印　　刷　萩原印刷株式会社
製　　本　株式会社ブックアート

ISBN978-4-7601-5512-5